KB233809

하나님을 느끼고 싶을 때 읽는 책

하나님을 느끼고 싶을 때 읽는 책

하나님을 느끼고 싶을 때 읽는 책

지은이 · 루디 랙
옮긴이 · 김진웅
초판 1쇄 찍은날 · 2004년 2월 18일
초판 1쇄 펴낸날 · 2004년 2월 23일
펴낸이 · 김승태
출판본부장 · 김춘태
편집, 교정 · 박경미, 방재경
표지디자인 · 공유나
영업 · 윤원태
등록번호 · 제2-1349호(1992. 3. 31)
펴낸곳 · 예영커뮤니케이션
110-616 서울 광화문우체국 사서함 1661
유통사업부 T. (02) 766-7912 F. (02) 766-8934
출판사업부 T. (02) 766-8931 F. (02) 766-8934
Email: jeyoung@chol.com

ISBN 89-8350-202-9 (03230)

값 5,500 원

■ 잘못 만들어진 책은 언제든지 교환해 드립니다.

하나님을 느끼고 싶을 때 읽는 책
Journey into Life

루디 랙 지음
김진웅 옮김

예영커뮤니케이션

CONTENTS

1 나팔 소리 • 11
2 정신을 잃음 • 14
3 파일 • 17
4 고요함 • 19
5 지하 감옥 • 22
6 먼지 • 25
7 약 • 28
8 추락 • 31
9 한계 • 33
10 불꽃 • 36
11 도살 • 38
12 감금과 자유 • 41
13 행진 • 44
14 얼음 • 46
15 구두 • 49
16 성장 • 52
17 치즈 • 55
18 통신선 • 58
19 목소리를 안다 • 61
20 크리스마스 • 63
21 스키타기 • 66
22 돌려놓기 • 69
23 수술 • 72
24 화음을 넣다 • 75
25 가로막대 • 78
26 낙원으로 바뀐 추함 • 81
27 불구 • 84
28 연내 • 87
29 씨뿌리기 • 90
30 사들 • 93
31 지나침 • 96
32 둘을 모두 사용하라 • 99
33 궁핍한 자들을 향하는 눈 • 101
34 이탈하지 않음 • 104
35 은 • 107
36 겉모양도 중요하다 • 110
37 부드러운 대답 • 113
38 민들레 • 116
39 역마차 • 118
40 빌려 쓰다 • 121
41 설명서 • 124
42 식당 칸 • 127
43 값비싼 태만 • 130
44 분주히 쫓겨 다님 • 133
45 생기 없는 고요 • 136
46 변화 • 139
47 어떤 관점을 가질 것인가? • 142
48 대형을 이룬 비행 • 145
49 비자 • 148
50 섬김 • 151
51 탑 • 154
52 제논 • 157

서문

옛날에 한 현인이 말하기를 "예술가란 모든 경험에서 계시를 느끼는 사람이다."고 했다. 이런 시각에서 볼 때 루디 랙은 예술가다. 그는 팔레트에 해당하는 컴퓨터 한 대와 붓에 해당하는 단어들로 자신이 보는 것을 색깔과 색조 묘사 가득한 초상화로 그려, 인생을 배우는 학생으로서 풍부한 표현을 드러낸다.

위클리프 성경 번역가 협회에는 '그것은 생명에 관한 일이다!'는 말이 있다. 무엇보다도 이 말은 모국어로 복음을 들어 본 적이 없는 민족에게 처음으로 번역한 하나님의 말씀을 전하는 이야기다. 하나님의 말씀은 그들에게 새 희망과 새 의미를 가져다주고, 영원을 새롭게 이해시킨다. 물론 하나님의 말씀은 우리에게도 똑같이 작용한다. 하나님은 말씀과 성령으로 이 세상 삶의 독특한 본질을 새로 인식시켜 주신다. 모든 순간에는 그 나름의 의미가 있고, 모든 경험에는 교훈이 있으며, 모든 생각은 새로운 창의성을 위한 잠재력을 지니고 있다.

모든 예술가가 그렇듯이 하나님께서도, 자신이 이제까지 계신 자리와 또 창조라는 그의 걸작품에 남기신 마지막 손길을 우리가 발견할 때 기뻐하신다. 이러한 처리들이 미묘하든 뚜렷하든 모든 피조물은 창조주의 본성을 어느 정도 드러낸다. 우리는 살아가면서 생명을 주신 분에 대해 좀 더 배워 삶의 여정을 확장한다.

그러나 우리에게는 때때로 안내자가 필요하다. 그 안내자는 우리를 출발하게 하고, 우리의 일상 경험 뒤에 숨어 있는 더 모호한 교훈들을 일러준다. 루디 랙은 바로 그런 안내자다. 그는 이 책 『하나님을 느끼고 싶을 때 읽는 책』에 들어 있는 짤막한 단편들을 통해 그 길을 가르쳐 준다. 경험 많은 여행가로서 루디는 세계 여러 나라에서 하나님의 손끝이 일하시는 증거를 보았다. 이는 놀라운 일이 아니다. 오히려 놀라운 일은 루디가 일상에서 하나님과 하나님의 실재와 그분의 선함을 발견하게 된 순간순간의 사소한 일들이다. 차장에게 "목적지에 도착하면 나를 깨우게." 하는 말을 남기고 침대칸에 머무는 여행, 즉 정박이나 다름 없는 여행과 활기 넘치는 열정으로 가득 찬 인생 여행의 차이를 만드는 요소가 바로 이것이다.

이 단편들을 읽을 때 눈이 열려 인생 여정의 비행기에서
새로운 전망들을 보기 바란다!

하야트 무어
미국 위클리프 성경 번역가 협회장

I

나팔 소리

　폴란드의 크라코프(Cracow)는 참으로 아름다운 도시다. 도시 중심가는 세계의 귀중한 열두 가지 문화 유적 중의 하나다. 나는 그곳 중세 유럽의 가장 큰 광장에 서 있었다.

　그 광장에는 아름답고 오래된 빌딩들이 줄지어 있고 수많은 사람들이 이리저리 몰려다녔다. 벤치 위에 몇 사람이 앉아 있었고, 인도에 있는 카페에도 사람들이 가득 차 있었다. 공기 중에는 막 끓인 커피향이 가득했다. 한껏 즐거운 분위기의 온화한 여름날 저녁이었다.

　광장에서 눈에 띄는 건물 가운데 하나는 쌍둥이 탑이 있는 성 마리아 성당이었다. 갑자기 종이 울렸고, 즉시 많은 사람들이 높은 첨탑들 가운데 하나를 바라보았다. 우리가 바라봤을 때, 작은 창문이 열렸고 조그마한 것이 창에 나타났다.

바로 그때 우리는 그 소리를 들었다. 신뢰할 만한 폴란드 근위병이 내는 나팔 소리였다. 즐거운 멜로디가 탑에서 미풍을 타고 흘러 나왔다. 그런데 어떤 이유 때문인지 중간에서 갑자기 멈추었다.

내가 놀라자 크라코프에 살고 있던 내 친구가 그 까닭을 설명해 주었다. 수백 년 전, 적이 쳐들어오는 것을 사람들에게 알릴 목적으로 파수꾼을 교회탑에 배치했다. 위험이 닥쳐 파수꾼이 나팔 소리를 낼 때까지 일상적인 삶이 지속되었다. 그러나 타타르인들이 쳐들어와서 그 마을을 약탈하였다. 적군이 도시를 침투해 들어온 것이다.

그 근위병은 위험을 알리기 위해 탑의 멜로디를 성실히 연주했다. 그가 나팔을 불고 있을 때 갑자기 타타르인이 화살을 쏘았다. 나팔 부는 사람은 목에 화살을 맞고 그 자리에서 죽었다.

수백 년이 지난 지금도 나팔을 부는 사람이 매시간 탑의 멜로디를 연주한다. 반쯤 연주하다가 갑자기 멈춘다. 이것은 타타르인들에게 당한 고통을 그 도시 사람들에게 영원히 일깨우는 역할을 한다. 또 폴란드인들이 그 야만인들을 마침내 물리쳤다는 승리의 사실을 사람들에게 상기시켜 주는 것이기도 하다.

내가 이 독특하면서도 아름다운 광경을 바라보고 듣고 묵상했을 때, 하나님께서 모세에게 하신 말씀이 생각났다. "주

＊　＊　＊　＊　＊

께서 너를 인도하신 모든 길을 기억하라"

우리는 예수의 고난과 승리를 회고하는 데 시간을 얼마나 보내는가? 하나님께서 얼마나 훌륭하게 우리를 인도하셨는지 생각하고 또 그것에 감사하기 위해 시간을 더 내야 하지 않겠는가?

"주님, 제 삶에서 거듭하여 나팔 소리를 울려 주십시오. 그리하여 제가 주님의 인도하심을 기억하고 주님께 감사하게 하소서."

2

정신을 잃음

봄볕이 나왔다. 빛줄기는 새 생명을 가져와 동물 세계를 다시 깨어나게 했다. 도마뱀들은 겨울 잠자리에서 따뜻한 햇볕에 이끌려 나왔다. 초록, 노랑, 회색빛 코트를 입은 이 아름다운 무늬의 파충류에게 온기는 더없이 행복한 것으로 보였다.

그러나 우리 집 고양이는 밖에 나가 사냥하고 있었으며, 이 도마뱀들은 쉬운 먹잇감이 되었다. 고양이는 조느라 움직이지 않는 도마뱀과 우연히 마주친 뒤 참으로 끔찍한 광경을 연출해 내었다. 그 불쌍한 작은 동물은 고양이에게 완전히 놀라서 정신을 잃은 채로 앉아 있었다. 그 꼬리는 고양이에게 물어뜯겨 떨어져 나갔지만 여전히 꿈틀거렸다. 고양이가 발로 도마뱀을 괴롭힐 때마다 도마뱀은 재빠르게 움직이려

했지만, 그때마다 곧 물릴 것이 두려워 다시 꼼짝 못 했다.

고양이에게 놓아 달라고 애원하는 듯이 도마뱀은 입을 벌린 채 고양이만 뚫어져라 쳐다보았다. 만일 고양이에게서 시선을 돌려 탈출구를 찾았다면 고양이의 발이 닿을 수 없는 여러 작은 피난처나 갈라진 틈으로 도망쳤을 것이다. 그러나 도마뱀은 공포에 질려 그러지 못했다. 고양이가 도마뱀을 움직이게 하려고 날카로운 발톱으로 슬쩍 건드렸지만 불과 1~2초 후에 이 작은 파충류는 다시 한 번 공포로 얼어붙었다.

나는 이 가엾은 광경을 더 볼 수 없었다. 이 불쌍하고 의지할 데 없는 희생동물에게 연민을 느꼈기 때문에, 나는 고양이를 들어 멀리 옮겨 놓았다. 그러고 나서 그 도마뱀에게 조심스레 다가갔다. 여전히 공포로 가득 찬 희미한 울음소리가 도마뱀의 작은 목구멍에서 흘러 나왔다. 도마뱀을 내 손에 올려놓았을 때 그 몸이 아주 차가워진 것을 느낄 수 있었다. 나는 햇볕으로 나가서 도마뱀을 따뜻한 돌 위에 두고 어떤 일이 일어나는지 보기 위해 물러서 있었다.

잠시 동안 도마뱀은 움직이지 않았다. 그 후 숨쉬는 모습이 눈에 보일 정도가 되었고 옆구리도 부풀어 올랐다. 도마뱀의 몸이 햇볕에 따뜻해졌을 때 어떻게 변하는지를 나는 자세히 볼 수 있었다. 더는 위험이 없게 되자 도마뱀은 갑자기 생기를 회복하고 몇 초가 지나지 않아 따뜻한 돌에서 미끄러

※ ※ ※ ※ ※

져 내려올 만큼 충분히 튼튼해지고 용기를 얻었다. 그리고 조약돌 사이로 숨어 버렸다. 다음 날 나는 그 도마뱀을 다시 보았는데 돌 틈에서 행복하게 노닐며 햇볕을 만끽하고 있었다. 그 도마뱀은 살아 남았고, 잘려 나간 꼬리도 분명 다시 자라날 것이다.

이 사건은 내게 커다란 교훈이었다. 원수에게 꼼짝 못 하게 붙들린 나 자신을 얼마나 자주 발견하는가? 내 모든 주의력을 외견상 감당할 수 없는 문제들에 맞추고, 나는 공포로 마비되어 탈출구를 찾지 못한다. 그때 하나님께서 다가와 원수를 쫓아내고, 내가 호흡을 되찾을 수 있고 따뜻해지며 안전을 다시 찾을 수 있는 장소로 옮겨 주신다.

나는 그 햇볕 드는 돌에서 마지막으로 도마뱀을 본 뒤, 집으로 돌아오며 고요히 기도했다.

"주님, 제가 원수에게 너무 놀라서 공포로 마비되지 않도록 저를 붙들어 주소서. 원수가 저를 압도할 때, 주님이 거기서 저를 들어 따뜻하고 안전한 곳으로 옮기실 것이며, 그곳에서 제가 다시 힘을 얻으리이다."

3

파일

치과의사는 X선 사진을 빛에 비추어 보았다. "예, 우리는 2년 전 근관을 해 넣었습니다. 거기에는 이상이 없습니다. 사실 당신의 치과 기록에 따르면, 당신의 치아는 지금 아주 좋습니다!"

치과 의자에서 나는 그 기록을 보려고 목을 길게 뺐다. 모든 사항이 단정하게 기록되어 있었다. 3년 전의 치료 청구 금액과 그 뒷면의 '지불완료', 다음 난 아래쪽에는 1년 전에 치료한 내용이 적혀 있었다. 청구 금액이 적혀 있었지만, 이번에는 선명하게 붉은 글씨로 '첫번째 독촉장!' 이라고 쓰여 있었다.

그렇다. 1년 전 그때 나는 무슨 일인지 치과 치료비를 지불하지 않았고 얼마 지나지 않아 독촉장이 왔다. 나는 서둘러 그 문제를 해결해 지불하지 않은 치료비는 없었다. 그러나 모든 사항이 여전히 파일에 수록되어 있는 것을 보고서 나는 무척 당황했다.

치과 파일에서 내 작은 오점을 발견한 것은 무척 좋지 않은 일이었다. 그러나 천국에서 하나님 앞에 섰을 때, 내 기록이 어떨지를 생각하게 되었다. 내 이름은 생명책에 기록되어 있다. 그러나 말라기 3장 16절에서 묘사한 또 다른 책이 있다. "여호와를 경외하는 자와 그 이름을 존중히 생각하는 자를 위하여 여호와 앞에 있는 기념책에 기록하셨느니라"

착잡한 생각이 들었다. 이 책을 천국에서 펼쳤을 때, 나는 당황하거나 어떤 행동들을 후회할 것인가? 아니면 모든 빚을 다 지불했음을 완전히 확신하면서 거기에 서 있게 될 것인가?

"하나님, 제 파일을 천국에서 펼쳤을 때 부끄럽지 않게 살도록 저를 도와주소서."

4

고요함

나는 프랑스를 여행할 때 동굴에 들어가 보고, 영국을 여행할 때는 탄광에 내려가 봤으며, 스위스에서는 보트로 지하 호수를 여행해 봤다. 그러나 가장 매력 있는 지하 경험들 가운데 하나는 뉴질랜드에서 본 것이었다.

나와 내 친구들만 이곳을 방문한 것이 아니라, 아주 많은 사람들이 이 특이한 지하의 장엄한 경관을 보려고 모였다. 우리는 작은 집단으로 나뉘어 안내원의 지시를 따랐다. 그 안내원은 우리가 일단 동굴 안으로 들어가면 소리를 내지 말아야 한다고 말했다. 마침내 우리 차례가 왔을 때, 우리는 일렬종대를 이루어 동굴 입구로 천천히 들어섰다. 우리 안내원은 땅 속으로 점점 더 깊이 내려가는 지하 땅굴 여행에서 내내 길을 안내했다. 좁은 길 양편에 있는 놀랄 만한 석회암 구조물들을 보았을 때, 우리는 놀라움으로 숨이 막힐 지경이었다. 그때 안내원은 침묵할 것을 우리에게 재빨리 상기시켰다.

우리는 지면에서 수십 미터 아래 있는 상당히 큰 지하 호숫가에 닿았다. 길고 납작한 보트가 나무로 된 부두에 매여 있었고, 우리는 가능한 한 조용히 올라탔다. 우리가 자리에 앉았을 때, 안내원은 조용한 소리로 우리에게 말했다. "우리가 동굴에서 노를 저어 가는 동안 아무 소리도 내서는 안 됩니다. 불빛을 내는 벌레들이 아주 작은 소리에도 빛을 내지 않을 것이고, 그러면 여러분이나 여러분 뒤에 오는 사람들은 아무것도 볼 수 없습니다."

보트는 맑은 호수 표면 위를 물을 끼얹은 듯 조용히 미끄러져 갔다. 천천히 그리고 암흑 속에서 침묵의 두려움을 지닌 채 조명 없는 동굴을 따라갔다. 마침내 한 모퉁이를 돌았는데 거기에 빛이 있었다. 별처럼 빛나는 수백만의 작은 불빛이 광대하게 뻗친 우주의 작은 은하처럼 머리 위 비단 같은 어둠 속에서 빛나고 있었다. 거기에 앉아서 위를 쳐다보고 있는 동안 시간이 멈춘 것 같았다.

동굴 안 이곳은 아주 고요했고, 불빛을 내는 그 벌레들 말고는 불빛이 전혀 없었다. 그러나 이동해야 할 시간이 너무도 빨리 다가왔다. 우리가 다른 모퉁이를 돌았을 때, 희미한 빛이 어두움 속으로 스며들기 시작했다. 우리가 동굴 입구로 다가갈수록 그 벌레들의 빛은 점점 희미해졌다. 결국 우리는 햇빛이 있는 곳으로 빠져 나왔고 보트는 토착 식물과 관목으로 지은 작은 부두의 선착장에 도착했다. 사람들은 부두로 올라서며, 다시 동굴의 첫 입구를 향해 돌아가면서 시끄럽게 잡담하기 시작했다. 나는 동굴을 마지막으로 한 번 더 보기 위해 뒤를 돌아보았다. 그러나 더는 보이는 것이 없었다. 그 벌레들의 불빛은 더 볼 수 없을 정도로 멀어졌다.

이 경험은 내게 그리스도인으로서 우리의 처지를 상기시켰다. 우리는 성령이 가장 환하게 비치는 경험을 우리 생애에서 가장 어두운 순간에 종종 겪는다. 그러나 성령은 아주 쉽게 꺼져 버릴 수 있다. 나는 인생에서 스스로 미친 듯이 활동하기 때문에 여러 번 성령의 빛을 꺼 버렸다. 때로는 이 동굴에서처럼, 우리가 침묵과 고요함 속에서 하나님의 영광과 광채를 명상한다면 얼마나 좋겠는가?

"예수님, 제가 어두움을 두려워하지 않도록 도와주소서. 가장 어두운 밤에도 주님이 함께하셔서 비춰 주시니 감사합니다. 주님의 성령의 빛을 꺼 버리는 불필요한 활동을 삼가도록 도와주소서."

5

지하 감옥

아마도 스위스에서 가장 그림 같고 가장 흥미로운 역사적 기념물 가운데 하나는 제네바 호수의 작은 섬에 있는 시용 요새일 것이다. 이곳 지상의 탑과 감방들에서, 그리고 지하 감옥에서 이루 말할 수 없이 끔찍하고 잔인한 일들이 벌어졌다.

나는 수백 년 전 공작들이 쓰던 귀족의 집회장 아래 넓은 천장이 있는 방으로 내려갔다. 암반을 깎아 만든 열여섯 개의 고딕식 천장을 기둥 일곱 개가 받치고 있었다. 거기에 서서 그곳에서 고통당했을 수많은 불쌍한 사람들을 생각하는 것만으로도 두려운 경험이었다. 그들 중 대부분은 유대인과 그리스도인들이었는데, 650년 전의 역병을 그들이 옮겼다고 부당하게 고발당한 사람들이었다. 제네바 출신의 기독교 성직자인 보니바르드(Bonivard)가 4년 동안이나 쇠사슬로 기둥에 묶여 있던 이 끔찍한 곳에는 한 줄기 빛도 들어오지 않았다.

고통과 죽임을 당한 영혼은 무척 강했다. 나는 감옥 외벽에 부딪치는 물결 소리 외에 아무것도 들리지 않는, 무거운 침묵과 차가운 회색 벽에 둘러싸인 채 몸서리치며 서 있었다. 기둥에 새긴 죄수들의 글을 읽고 나는 차츰 겸손해졌다. 바로 이 기둥에 사슬로 묶였던 보니바르드는 불의에 저항했으며, 불신앙의 통치자들에게 굴복하지 않는 불굴의 정신과 신앙을 지니고 있었다. 그는 한순간도 프기하지 않았다. 밤이나 낮이나, 여름이나 겨울이나 자신에게 가하는 모든 나쁜 일을 견디어 내고 대처했다. 위생 시설이나 난방 시설은 전혀 없었으며, 위층에서 공작들과 왕자들이 잔치를 벌이고 흥청망청할 때 끔찍한 죽 한 사발을 저녁식사로 삼았다.

나는 이 영웅이 사슬로 묶였던 기둥에 기대어 묵상하며 기도했다. 내 작은 문제들은 보니바르드가 수백 년 전에 이 끔찍한 곳에서 겪은 부당함에 비교해 보면 아무것도 아니었다. 내 마음은 매우 쉽게 인생의 귀찮은 일들에 사로잡히는 반면, 이 사람들은 그들이 직면한 시련 속에서도 큰 끈기와 저항을 보여 주었다.

나는 기도했다. "오 주님, 제가 어려움에 부딪쳤을 때 약해지거나 스스로 매몰되지 않도록 도와주소서. 저는 인내와 끈기가 더 많이 필요합니다. 저를 가르치셔서 쉽게 포기하지 않고 중심을 잡으며 진리를 위해 서게 하소서."

나는 천천히 계단을 올라 위층의 연회장으로 갔다. 비싼 태피스트리(융단)와 프레스코는 과거 관습의 증거이지만 내게는 아무런 의미가 없었다. 이 궁정의 위풍당당한 방들은 화려하고 사치스러웠지만 내게 특별한 인상을 주지 못했다. 참으로 그 시대의 영웅은 귀족들이 아니라 지하감옥의 무고한 신앙인들이었다.

"예수님, 예수님은 우리 중 어느 누구보다 더 큰 고난을 당하셨습니다. 게다가 예수님은 '아버지여 저희를 사하여 주옵소서 자기의 하는 것을 알지 못함이니이다' 라고 말할 수 있는 분이십니다. 저를 부당하게 대하는 자들에게 제가 원한을 품지 않도록 도와주소서. 예수님을 옹호하기 위한 용기와 끈기와 담대함을 주소서."

6

먼지

황갈색 모래는 시골 동네를 덮었을 뿐만 아니라 젖은 내 몸에도 달라붙고 옷 속으로도 들어왔으며, 심지어 내 칫솔에도 내려앉았다. 그것은 대기에 스며들어 아지랑이를 일으켜 지평선에 있는 광경을 잘 보지 못하게 했다. 나는 아프리카 사하라 사막 가장자리에 있었다. 그곳은 제3 세계였으며, 사람들은 모래사장의 끝없는 아지랑이와 사는 방법을 배웠다. 그러나 수천 킬로미터 떨어진 고향에서는 생활이 아주 달랐다. 공기가 맑고 상쾌했다.

몇 주 후, 나는 한겨울에 고향 유럽으로 되돌아왔다. 상쾌한 눈이 내렸고, 눈을 보면서 유쾌하게 스키 타는 장면을 상상하였다. 아내와 나는 스키 장비를 꾸려서 산으로 갔다. 멀리서 봤을 때, 산은 하얗고 발길이 닿지 않은 것 같았다. 그러나 가까이 다가갔을 때, 눈은 본래의 흰색을 잃었다. 나는 슬로프(slope)에서 희미한 황갈색의 그림자를 볼 수 있었다. 그리고 실제로 산허리 여기저기는 강한 햇빛 때문에 갈색처럼 보였다.

그때 아내 엘리안이 세찬 바람이 며칠 동안 불었음을 지적했다. "그것은 사하라에서 온 먼지예요." 하고 그녀는 말했다. 스페인 상공의 대기 상황은 스위스 상공으로 바람이 불게 만들었는데, 북아프리카에서 생긴 이 바람은 고운 먼지를 12킬로미터 상공으로 날려 올리고, 지중해 너머로 불어와 그 먼지를 눈 쌓인 알프스 산허리에 내려놓는다. 그래서 슬로프의 색깔이 황갈색처럼 보이는 것이다.

내가 아프리카에서 본 모래들이 이렇게 멀리까지 날려 오다니!

이 사실을 보면서 나는 성령에 감화된 사람들에 관하여 성경이 말해 주고 있는 것이 생각났다. "바람이 불매 네가 그 소리를 들어도 어디로 가는지 알지 못하느니라" 하나님은 자신의 주권 속에서 뜻하시는 곳으로 성령의 바람이 불게 하신다.

나는 나 자신에게 물었다. 나는 성령께서 내게 호흡을 불어넣어 주실 만큼, 그리고 그가 원하시는 곳으로 갈 만큼 유연하고 활동적인가? 내 이웃을 기꺼이 방문하고, 심지어 복음이 전파되지 않은 곳의 사람들에게 복음을 전하기 위해 먼

거리도 기꺼이 갈 것인가? 진정 성령을 내 인생의 절대적인
주인으로 기꺼이 맞이할 것인가?

"하늘에 계신 하나님 아버지, 아버지의 높으신 뜻에, 그리고 성령
의 바람으로 제 인생의 길을 가르쳐 주심에 대해 감사합니다. 아
버지의 성령이 저를 감동시키실 때 제가 거부하지 않도록 도우소
서."

7

약

하얗게 칠해진 강철 실린더에는 검은 해골 표시가 있었다. 이것은 독을 표시하는 것으로 즉시 알아볼 수 있게 해 놓은 것이다. 나는 내 직업에서 이런 식의 표시를 단 것은 아주 신중히 다루어야 한다는 것을 배웠다. 독성이 있는 물질을 연구하는 것은 대단히 위험할 뿐만 아니라, 신중한 손놀림과 철저한 집중을 요한다.

나는 조심스럽게 렌치(wrench)를 사용한 뒤 그 치명적인 가스를 기다렸다. 가스가 여러 튜브 중에서 어느 통로를 통해 흡착액이 차 있는 투명한 유리 용기 속으로 들어가는지를 보기 위해서였다. 나는 조심스럽게 지켜보고 있었다. 그때 갑자기 사건이 발생했다. 튜브 중 하나에 구멍이 생겨서 가스가 새기 시작했다. 그 치명적인 백색 연기가 나를 휘감았을 때 나는 그 독가스의 냄새를 맡고 말았다. 심장이 급히 뛰기 시작했지만 방독면을 쓰기 전에, 폐에 치명적인 결과를 가져오는 이 가스를 중화시키는 해독제를 빨리 들이마셔야 했다. 심장이 급히 뛰는 것을 알아차린 나는 해독제를 깊은 호흡으로 여러 번 들이마셨다. 그때서야 방독면을 쓰고 스위치를 꺼서 가스가 흘러 나오는 것을 막았다.

나는 떨고 있었다. 내 직업은 가장 순조로운 때라도 위험하다. 그러나 화학은 항상 내 호기심을 자극했고, 나는 스위스의 한 연구 회사에서 연구실 기술자로 일하면서 일에서 겪는 도전을 무척 즐겼다. 나는 많은 사람들에게 도움이 되고 인류에게 매우 유익한 약품인 신경안정제 생산 업무를 배정받았는데, 그 기초 성분 중 하나가 이 유독가스였다. 액체에 흡수된 뒤, 혼합하고 휘젓고 가열하고 다른 화학물질과 함께 증류하면 순수한 백색 분말이 된다. 이 분말을 압축하여 정제 형태로 전세계 약국에서 판매한다.

연구가 지속되고 실험을 거듭하면서, 나는 자주 그 결과물에서 아이러니를 발견했다. 치명적인 이 독을 다른 물질과 혼합해 올바른 방법으로 처리하면 마지막에는 매우 유익하고 도움이 되는 물질로 변한다. 그 최종 결과는 수천 명의 사람들이 감사하는 약이 되는 것이다.

이 일은 성경의 한 구절을 생각나게 했다. "무릇 시온에서 슬퍼하는 자에게 화관을 주어 그 재를 대신하며 희락의 기름으로 그 슬픔을 대신하며"(사 61:3) 우리는 속까지 썩었으며 죄로 파괴되고 독을 지니게 된 것이 사실이지 않은가? 우리 영혼의 기초 성분은 결코 선한 것이 없으며, 우리는 모두 하나님의 영광에 이를 수 없다. 그러나 변화시키는 하나님의 처리 과정과 예수의 피가 드리는 탄원을 통해서, 우리는 주변 사람들에게 생명이나 치료의 근원이 될 수 있다.

내 삶에서 역사하시는 하나님의 손길에 어찌 다 감사할 수 있을까! 변화의 과정이 때로 고통스러울지라도, 그 결과는 얼마나 아름다운가! 변화 과정이 진행되고 있을 때 실망하지 말자. 어쩌면 오늘 당신은 이 과정의 열기를 느끼고 있을지도 모른다. 그러나 그 열기는 하나님이 당신의 삶에서 일하고 계신다는 표시일 뿐이니 안심하라.

"독소일 뿐인 나를 인내로 대하시는 주님께 감사드립니다. 그 열기와 흔들림이 때로는 불쾌할지라도 주님이 저를 만드신 것과 지금도 여전히 만들고 계신 것에 대해 감사드립니다. 저를 만들어 주신 것과, 또 제가 다른 사람들에게 끼칠 좋은 영향에 대해 주님께 찬양을 드립니다."

8

추락

날이 새기 전 우리는 스위스의 산을 오르기 시작했다. 몇 시간을 오르자 눈 쌓인 산 정상 바로 아래에 이르렀다. 단단한 빙벽에서 미끄러지지 않기 위해 강철 아이젠을 등산화에 착용하고 등반대 전체는 안전을 위해 로프로 서로 묶었다. 정상에 도달하기 전에, 우리는 넓은 빙판을 가로질러야 했다. 조금만 미끄러져도 치명적인 결과를 가져올 수 있었기 때문에 정신을 집중하는 것은 필수적이었다.

"누군가 떨어질 경우 로프를 팽팽히 잡아당기세요."라고 가이드가 우리에게 말했다. 그는 강하고 경험 많은 산악 원주민이었다. 반면 매우 조심스럽게 천천히 빙벽을 기어오르는 동료 폴은 외지인이었다. 나는 아래를 내려다보고 몸을 떨었다. 아래 절벽이 백여 미터나 되었다.

갑자기 크게 외치는 소리가 들렸고, 가이드가 눈을 크게 뜬 채 내 옆을 지나 떨어졌다. 순간 내 허리를 감고 있던 안전 로프가 팽팽해졌다. 나는 그 충격으로 비틀거렸지만 다행히 다른 등반대원들에게 로프로 묶여 있었고 우리의 피크도 얼음에 안전하게 박혀 있었다. 가이드는 로프의 다른 쪽 끝에 매달려 있었다.

비극이 될 뻔한 사고에 몹시 놀란 우리는 그를 빙판 위로 끌어 올렸다. 그러고 나서 신경이 극도로 약해져 그날의 등산을 그만두고 산을 내려가기로 했다. 정상이 가까이 있다는 생각일랑 지워 버려라!

하산하는 길에서, 나는 우리가 예수 그리스도 안에서 훨씬 더 안전한 영적인 닻을 가지고 있음을 알았다. 우리가 떨어질지라도 생명을 잃지 않을 것을 알고 안심하는 이유는 그분이 손으로 우리를 받칠 것이라고 약속하셨기 때문이다.

"내가 떨어질 때 견고한 손길로 붙드시는
주 예수님께 참으로
감사드립니다."

9

한계

복도 쪽 좌석을 치우고 휠체어가 그 자리로 들어왔을 때, 몇몇 사람들이 고개를 그리 돌렸다. 작고 연약한 이 여자가 저녁 예배를 위해 자리에 앉는 것을 도우며, 나는 '그녀가 너무도 작다.' 고 생각했다. 지켜보던 사람들 중 몇 사람에게는 이 여인은 살아갈 이유가 별로 없는 것으로 보였을 것이다. 그러나 그녀의 눈에는 온화한 빛이 있었다. 그녀의 소망은 이 땅에서의 삶에 있지 않고 다가올 삶에 있었다.

로즈마리의 부모님은 자신들에게 아기가 생기게 될 것을 알고서 충격을 받아, 그녀가 뱃속에 있을 때 임신중절을 시도했다. 다행스럽게도 이 시도는 성공하지 못했지만 크나큰 타격을 불러왔다. 로즈마리가 태어났을 때, 그녀는 다리가 하나뿐이었으며 두 팔은 사라지고 없었다.

　　　　❋　　❋　　❋　　❋　　❋

로즈마리는 이제 30대지만 지금도 수저로 밥을 먹여 줘야 한다. 처음에 아기는 얼마나 비참한 존재였는지! 그러나 그녀가 그리스도인이 되었을 때, 그녀의 삶은 변하여 이제는 다른 사람들과 복음을 나누는 데 많은 시간을 보내게 되었다. 내가 그녀를 휠체어에 태워 교회 안으로 들어가는 그 짧은 시간에도, 그녀는 그날 아침에 사람들에게 어떻게 전도했는지를 내게 말해 주었다.

그녀의 남편(그녀는 결혼했음)은 스위스의 대도시 가운데 하나인 취리히 중심가의 한 도로변 인도에 그녀를 내려 준다. 거기에서 로즈마리는 휠체어에 앉은 채 지나가는 사람들과 인사를 나누며 오전을 보낸다. "저는 거기서 작은 책자들을 나눠 줘요." 그녀는 아주 기쁘게 얘기했다. "도대체 팔 없이 그 일을 어떻게 합니까?" 내가 물었다. "아주 쉬워요. 발가락 사이에 그 책자를 끼고 사람들에게 좀 도와달라고 말하지요."

몇 주 간격으로 나는 로즈마리가 우편으로 보낸 봉투를 받았다. 그녀는 내가 통신 과정으로 지도한 수백 명의 학생들 가운데 한 명이었다. 그녀의 리포트는 한쪽 발의 발가락만으로 타자를 친 것인데도 단정하고 읽기 쉬웠다. 나는 그녀의 용기와 결단의 증거물인 이 과제물에 항상 감명받았다. 그것은 우리 건강한 그리스도인들에게 참으로 큰 도전이었다.

❋　❋　❋　❋　❋

우리는 복음을 수록한 책자들을 나눠 줄 수 있는 두 손이 있다. 우리는 걸을 수 있고, 복음을 다른 이들에게 전할 수 있다. 그러나 그 메시지를 전하기 위해 우리의 지체를 사용하고 있는가?

로즈마리는 몇 가지 면에서 한계가 있었지만, 가진 것을 최대한 사용했다. 우리에게도 역시 한계가 있다. 그러나 우리 중 많은 사람은 변명하는 데 이것을 사용한다. 우리가 약할 때 그분이 강하다는 것을 우리는 얼마나 자주 상기해야만 할까? 당신의 한계는 하나님이 당신을 통해 일하게 하시는 열쇠다. 오늘 예배를 통해 당신을 새롭게 드려라. 그분께!

"하나님 아버지, 제 강건함과 약함에 대해 아버지께 감사드립니다! 아버지를 섬기는 데 제 능력을 최대로 사용케 하시고, 제 한계를 극복하기 위해 아버지의 힘을 의지하게 하소서."

IO

불꽃

벽난로 앞에 앉아서 마지막 불꽃이 꺼져 가는 것을 지켜보던 늦은 밤이었다. 바로 전까지는 불꽃이 방을 비추었기 때문에 다양한 가구의 모습을 알아볼 수 있었다. 그러나 지금은 거의 아무것도 볼 수 없다. 깜박이던 마지막 불꽃이 꺼진 후 남아 있는 불이라고는 타다 남은 재에서 희미하게 붉은 빛을 내는 깜부기불이 전부였다. 어두움 속에서 손을 더듬어 문 쪽으로 간 뒤, 침대로 가서 잠자리에 들었다.

다음 날 아침, 다시 불을 피우기 위해 그리 갔다. 쇠살대에 회색 재 한 더미만 있는 벽난로는 음산하게 느껴질 정도로 차갑고 어두웠다. '아, 참 성가신 일이다. 어서 다시 새로 불을 피워야겠다. 정말 성가신 일이구나!'

종이와 불쏘시개 나무를 모으고 성냥을 켜서 불이 타오르게 해야 할 것이다. 나는 한숨을 쉬며 삽으로 재를 밀어 냈다. 바로 그때 그을린 나무 조각 끝에서 붉게 빛나는 작은 불덩이를 보았다.

내 마음은 부풀어 올랐다. 나는 큰 화염을 일으킬 수 있는 이 작은 불꽃에 풍성한 삶이 들어 있음을 알았다. 불쏘시개 몇 조각을 넣은 후, 그 작은 불꽃에 바람을 불어넣자 그것이 오렌지색 불꽃으로 변하며 타올랐다.

그 벽난로는 내게 실제적인 교훈이 되었다. 우리가 춥고 우울하고 생기가 없다고 느낄 때, 하나님은 인내심을 가지고 그 연기만 피우는 심지를 지켜보시다가 성령의 힘으로 우리에게 다시 한 번 생기를 불어넣으신다.

"제가 따스함과 밝음을 잃어버릴 때도, 제 안에서 밝은 불꽃의 가능성을 보시는 주님께 감사드립니다."

II

도살

그것은 분명 내가 본 작업 중에서 가장 큰 것이었다. 공장에서 나는 냄새는 결코 유쾌한 것이 아니었지만, 이 대규모의 '냉동 작업'에서 일어나는 일을 보고 싶었다. 뉴질랜드의 이 특별한 도살장은 이란에 전량 수출하기 위해 독점적으로 작업을 하는데, 매일 양 11,000 마리를 도살해 냉동한다.

공장 견학을 시작했을 때, 나는 가축을 실은 트럭이 꼬리를 물고 도착하는 것을 보았다. 도살을 기다리는 수백 마리 양들의 행렬이 커다란 우리로 쏟아져 들어와 바다를 이루었다. '그들은 어떻게 이 동물들을 한 줄로 늘어서 도살장으로 움직이게 할까?' 나는 궁금했다. 도살장은 양들을 전기장치로 기절시키는 커다란 이동 벨트였다. 몇 초 후에 양들은 투하 장치 아래 있는 강철 테이블 위로 떨어지고 거기에서 양을 잡는 사람들이 양의 목을 딴다. 죽은 양들은 이 효율적인 처리 장치에서 다음 단계로 이동된다.

나는 이 수백 마리의 양을 지켜보다가 공장 안내인의 설명에 호기심을 느꼈다. 그는 이렇게 말했다. "여러분도 알다시피, 우리에게는 유다라고 부르는 특별한 양이 있습니다. 이 양은 매일 다른 양 11,000 마리를 속입니다. 무슨 일이 일어나는지 지켜보십시오."

그것은 늙고 볼품 없는 양이었다. 그놈은 여러 무리의 양들을 우리에서 넓은 통로로 이끌었다. 양들은 모두 그 지도자를 따르기 위해 떼밀며 앞으로 나갔다. 양들은 무리를 이루려는 강한 본능 때문에 이 사기꾼 양을 따라 곧장 도살장으로 갔다. 이 유다 양은 비좁게 무리지어 있는 양들의 몸뚱이 위로 재빨리 기어올라가 그 등을 밟고 다음 양떼를 죽음으로 인도하기 위해서 다른 양 우리로 돌아갔다.

'저것이 바로 마귀가 일하는 방식이다.' 마귀는 그런 방식으로 우리를 속이고 우리를 멸망의 길로 인도한다. 아주 많은 사람들이 맹목적인 집단 본능 때문에 마귀를 따라 곧장 사망의 굴로 간다. 그러나 우리 그리스도인들은 그들의 눈을 뜨게 하여 위험에서 이끌어 내고 선한 목자의 양 떼에게 인도해야 할 책임이 있다. 우리를 위한 선한 목자의 목적지는 분명 도살장이 아니다!

이 모든 양들 속에서 내가 들을 수 있던 것은 그들이 죽음을 기다리면서 입을 벌려 내는 소리가 아니라 소리 죽인 수백 마리의 발굽 소리였다. 이 장면을 보며 나는 예수님을 생각했다. 그는 십자가를 지고 가면서 도살장으로 가는 어린양처럼 입을 열지 않았다. 우리 중 많은 이들이 고난을 받을 때 그토록 큰 소리를 내는 것과는 매우 다른 모습이 아닌가! 그러나 예수님은 이미 궁극의 고난을 받으셨다. 가룟 유다에 의해 인간의 손에 넘겨진 예수님은 우리 죄 때문에 십자가에서 죽으셨다. 그리고 이 일은 우리에게 그 고난을 면하게 하시고 영생이라는 선물을 주시기 위한 것이었다.

"주님, 제가 사람들을 멸망에 이르는 길로 인도하지 않도록 도우소서. 저를 구하시려 주님이 행하신 희생에 감사드립니다. 그리고 제가 좀 더 주님을 닮게 도와주소서. 고난이 닥쳤을 때 싸우거나 소리치지 말고 조용하고도 고요히 확신 있게 마주서게 하소서."

12

감금과 자유

삼엄한 광경이었다. 망대, 철조망, 기관총으로 무장한 군인들이 수용소를 둘러쌌다. 나는 개들이 짖는 것과 멀리서 철문이 덜컹 하고 닫히는 소리를 들었다. 아두것도 나를 이 러시아 감옥의 어둡고 침울한 분위기에 대비시켜 주지 못했다.

나는 스위스 복음주의자들과 함께 하나님의 말씀을 널리 전하려고 러시아에 왔다. 우리를 위하여 하나님이 개입하심으로써, 우리는 이 안전 감옥에 접근하는 허락을 받았다. 몇 가지 안전 점검을 받은 뒤 닫힌 문들을 여럿 통과한 후에, 우리는 이 요새 같은 감옥을 내려다보는 교도소장의 사무실에 이르렀다. 그것은 신경을 곤두세우는 경험이었다. 우리가 과거에 거짓된 구실에 속아 이곳에 왔다면 어떻게 되었을까? 만일 그랬다면 우리는 어떤 러시아 감옥에 투옥되어 결코 다시는 볼 수 없는 수백 명의 다른 기독교 순교자 대열에 속하게 됐을 것이다.

기독교 박해자의 대표격인 레닌의 초상이 책상 위 벽 중심에 걸려 있었다. 그러나 우리는 교도소장의 따뜻한 환영을 받았다. 그는 미소를 지으며 말했다. "여러분이 우리 감옥에 희망의 메시지를 가져오신 것에 대해 매우 기쁘게 생각합니다."

나는 그의 따뜻한 말에 많이 놀랐다. "상황이 아주 좋게 바뀌었구나!" 불과 몇 달 전만 해도 우리의 러시아 그리스도인 형제들이 바로 이 벽 안쪽에서, 즉 감옥 책임자가 우리를 초대해 들인 이 벽 안쪽에서 고통을 겪었다.

교도소 안 마당을 훑어보다가 나는 수감자들이 소처럼 떼를 지어 우리의 설명을 듣게 될 곳으로 들어오는 것을 볼 수 있었다. 그들은 간수들의 지시를 받으며 열을 지어 천천히 발을 끌었다. 머리를 깎고 눈이 처진 모습이 마치 무덤에서 나온 사람들 같았다. 수감자들은 초라하고 짙푸른 죄수복을 입고 있었다. 나는 그들 중 많은 사람들이 쇠창살 사이로 밖의 맑은 하늘과 푸른 들판을 갈망어린 눈으로 응시하는 것을 보았다.

우리는 내려가서 그들과 어울리며, 데려간 통역자들의 도움을 받아 그들과 대화했다. 그들은 서서히 입을 열어 대화에 임했는데, 그들 가운데 한 사람이 내게 아주 가까이 와서

※　　※　　※　　※　　※

"저는 20년을 더 있어야만 합니다." 하고 말했다. 이 단조롭고 지내기 어려운 곳에서 20년을 더 지내야 하다니…. 그 사람에게 마음이 쏠렸다.

그때 나는 사치스런 고양이 한 마리가 이 수용소를 가로질러 가는 것을 곁눈으로 보았다. 고양이의 털은 저녁 태양에 반짝이는 금실처럼 빛났다. 죄수들과 대조적으로 고양이는 몸단장을 잘 하고 잘 먹고, 머리부터 발끝까지 좋은 털을 지니고 있어서 아주 따뜻해 보였다. 그놈은 하층 계급 인간들 사이로 서서히 거닐 수 있었다. 훌륭한 몸가짐과 위엄을 지닌 채 쇠창살 안팎으로 더할 수 없이 자유롭게 감옥을 곧장 가로지르며 산책할 수 있었다. 높은 담장과 울타리도 그놈에게는 전혀 장애가 되지 않았다. 놈은 다른 차원에서 살았다.

그 고양이는 우리가 그리스도 안에서 누릴 수 있는 자유의 상징처럼 느껴졌다. 우리는 얼마나 자주 죄수처럼 주변의 장애물로 제한받고 둘러싸이는가? 그러나 처음부터 그리스도는 다른 차원에서 사는 자유를 우리에게 주셨다.

"예수님, 이 세상 사슬에서
저를 자유케 하셔서 감사합니다.
제가 주님이 주신 해방과 자유 안에서
살 수 있게 도와주소서."

13

행진

"왼발, 오른발, 왼발, 오른발…." 군대는 내게 별로 애정이 가는 곳이 아니었다. 그러나 나는 다른 모든 스위스 시민과 마찬가지로 군복무를 해야만 했다. 엄한 군기 속에서 우리는 상관의 구령에 맞춰 행진하고 있었다. 똑같이 발을 구르는 수백 명의 군화 소리는 아주 멀리서도 들리는 훌륭한 리듬이었다. 우리는 빠르게 행군해서 곧 강 위의 다리에 이르렀다.

우리가 다리 위로 올라서기 전에 "정지!" 하고 장교가 소리쳤다. 모두 정지하고 조용히 기다렸다. 그때 우리의 상관들이 설명했다. "부대는 보통 걸음걸이로 다리를 건널 것이다. 다리를 건넌 후 우리는 다시 발맞춰 행진할 것이다. 만일 우리가 모두 발맞춰 다리를 건넌다면, 다리는 우리의 행진에

맞춰 흔들리기 시작할 것이다. 그리하여 다리의 철 구조물이 약해져서 제군들이 믿든 말든 이 강한 철 구조물이 부러질 수 있다.” 이 말을 듣고 우리는 서로 발을 맞추지 않으려고 신경 쓰며 조심스럽게 다리를 건넜다.

다이너마이트가 없이도 단지 발맞춰 걸음으로써 이 강철 구조물을 무너뜨릴 수 있다는 게 놀랍기만 했다. 도대체 이 적은 병사들의 단합된 행진에 어떤 힘이 있는 것일까?

이것은 하나님이 협력에 관하여 말씀하신 것을 분명하게 해 준다. 그리스도인 개개인이나 전체 교회들이 서로 협력하여 일한다면, 하나님을 경외하지 않는 이 세상의 구조물들을 아주 쉽게 무너뜨릴 수 있을 것이다. 그러나 우리는 보통 걸음걸이로 산책하듯 적의 영토를 걸으면서 각자 자신의 일을 하고 주변의 사람들을 무시한다.

우리 공동의 원수에 대항해서 단결하여 일할 때만이 사탄의 일을 파괴할 수 있다는 것을 깨달아야 할 때다.

"하늘에 계신 아버지, 제가 다른 사람들을 고려하고 그들과 보조를 맞출 수 있도록 도와주소서. 그리하여 우리가 일치해서 걸을 수 있게 해 주소서. 아버지의 성령으로 훈련하고 통합된 한 단위로 우리를 함께 묶어 주소서. 나아가 원수의 구조물들을 무너뜨리는 데 필요한 강한 진동을 우리가 일으킬 수 있도록 도와주소서."

I4

얼음

그해 겨울은 무척 추웠다. 영하의 기온이 오랫동안 지속되었다. 그러나 스위스 항공 427기를 탔을 때, 나는 항공사 직원들이 비행기 안에서뿐만 아니라 밖에서도 할 일을 알고 있다고 생각했기 때문에 안전함을 느꼈다. 창문 쪽 좌석을 잡은 나는 진행 과정을 보기 위해 기대어 앉았다.

수많은 비행기들이 정박하고 이륙을 기다리고 있었다. 그러나 이런 날씨에는 매우 중요한 어떤 일을 먼저 해야 한다. 끝에 사람이 탈 수 있는 팔과 탱크로 구성된 커다란 기계 장치가 움직이고 있었다. 이 기기는 추위 때문에 감싸여 있었다. 내가 지켜보고 있을 때, 이 기기에 탄 사람이 커다란 호스로 각 비행기에 액체를 끼얹었다. 그리고는 줄지어 있는 옆 비행기로 그 볼품없는 장치를 옮겨 갔다.

※   ※   ※   ※   ※

그 기계는 작업하는 사람이 비행기 전체에 알코올이 주성분인 액체를 뿌릴 수 있도록 팔을 높이 치켜올렸다. 날개와 방향타에 특별한 주의를 기울였다. 쌓였던 얼음과 눈은 즉시 녹아 땅으로 씻겨 내렸다.

다음은 우리 차례였다. 비행기 측면에 그 액체를 뿌렸을 때, 나는 비록 비행기 안쪽에 있었지만 그 호스의 압력을 느낄 수 있었으며, 또 아주 안전하다는 것도 느낄 수 있었다. 이런 날씨에 비행기 외부의 얼음 특히 날개에 있는 얼음을 제거하는 것은 필수적인 사항임을 나는 알고 있었다. 제거하지 않고 남은 얼음은 기류를 바꾸고, 더 큰 얼음을 생기게 하여 마침내 날개가 조종사의 지시에도 작동하지 않게 된다. 이렇게 되면 우리는 추락하여 죽게 될 것이다.

우리가 탄 비행기는 날개에서 글리콜 용액을 떨어뜨리면서 활주로를 달려 하늘로 날아올랐다. 몸체에 아무런 얼음도 붙이지 않은 채 비행기가 이륙한 것이다.

여러분도 알다시피, 우리 인간도 얼음과 관련된 문제를 안고 있다. 우리는 살아가면서 얇은 층의 얼음을 끌어 모으는 경향이 있는데, 이 얼음은 불친절한 세계와 마주치는 차가운 사람들 때문에 생긴다. 우리는 상처, 분노, 원한이 쌓여 우리가 따라야 하는 하나님의 지시에 더는 반응할 수 없게 된다.

우리가 얼음을 제거하지 않고 날아오른다면, 날개에 점점

✻   ✻   ✻   ✻   ✻

더 많은 얼음이 생기게 되고, 머지않아 추락하게 된다. 그러나 하나님은 더 좋은 브랜드의 글리콜 용액을 가지고 계신다. 물론 그것은 다양한 형태로, 즉 우리 자신과 다른 이들이 확장시킨 용서와 상담을 통해, 하나님의 말씀을 통해…. 그러나 무엇보다도 성령의 온기를 통해 우리에게 다가온다.

당신 자신을 그분에게 드러내고, 그분이 당신을 날개에 쌓인 것에서 해방시키게 하라. 그러면 당신은 예수 그리스도 안에서 새롭게 높이 날아오를 수 있다.

> "성령이시여, 하나님의 사랑의 온기로 저를 덮으소서. 그리고 제가 성령님과 함께 새로 높이 날아오를 수 있도록 제 삶에 생긴 모든 얼음덩이를 녹여 없애 주십시오."

15

구두

　모퉁이를 돌면 구두 수선공이 있었다. 그는 도로변에 앉아 단 몇 푼에 누군가의 신발을 고쳤다. 나는 고향 스위스보다 임금이 훨씬 낮은 아시아의 한 도시에 있었다. 이곳에서 내 신발을 수선하여 실질적으로 수선비를 아끼는 일을 왜 마다하겠는가?

　나는 시계를 봤다. 유럽으로 돌아가는 비행기를 타기 위해 공항으로 가는 길이었기에, 조심스럽게 신발 수선의 득실을 비교해야만 했다. 제 시간에 공항에 갈 수 있을까? 물론이다. 짐을 체크인 할 시간이 많이 있을 것이라고 생각하고 나는 신발을 수선하기로 했다.

　나는 신발을 내밀고 양말만 신은 채 수선하는 일을 지켜보았다. 때때로 시간을 확인하던 나는 이곳에서는 수선비가 더 싸지만 수선하는 속도로 보아 수선하는 데 상당한 시간이 걸릴 것임을 곧 깨달았다. 수선하다 만 신발을 신고 공항으로 갈 수는 없다고 생각하고 수선공에게 서두르라고 재촉했다. 일분 일초가 초조하게 지나갔다. 마침내 둘째 밑창을 붙이고 마지막 못질이 끝났다. 나는 수선공에게 싼 수선비를 던지듯 주고는 달려나와 큰 소리로 외쳐 택시를 잡아타고 전속력으로 공항으로 갔다.

유럽행을 알리는 비행기 카운터가 있었다. 숨을 헐떡이며 카운터로 갔지만 그 비행기는 탑승이 완료돼 이륙 준비 중이라는 말을 들었다. 지상 근무 직원은 "죄송합니다. 랙 씨, 너무 늦으셨습니다." 하고 말했다.

나는 낙심하고 나 자신에게 화가 나서 이리저리 돌아다니다가 시내로 되돌아갔다. 다른 항공기로 바꿔 이용할 수 없는 비행기표였기 때문에 나는 완전히 새 비행기표를 구입해야 하고 따라서 실질적으로 돈을 많이 잃어버린 꼴이 되었다.

싸다고 생각한 신발 수선은 이제까지 내가 경험한 것 중 가장 비싼 수선비가 되고 말았다. 다음 비행기를 기다리는 이틀 동안 시내를 걸어다니며, 나는 우선순위가 완전히 잘못됐음을 뼈아프게 깨달았다. 오직 작은 절약에 몰두함으로써, 비록 신발에서 몇 달러를 남겼지만 비행기표에서 수백 달러를 잃었다. 작은 비전이 큰 비전을 밀어낸 것이다. 올바른 균

형감으로 사물을 보는 것은 매우 중요하다.

"주님, 제가 정말로 중요한 것을 놓치지 않도록 우선순위를 올바
로 두게 도와주소서."

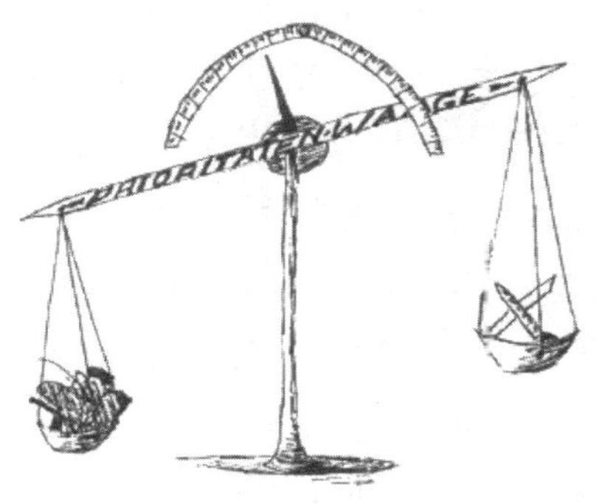

16

성장

우리 고양이가 새끼를 세 마리 낳았는데, 놀랍게도 한 마리는 검은색이고, 또 한 마리는 흰색, 다른 하나는 회색이었다. 고양이가 새끼를 돌보는 동안 우리는 그 새끼들의 다양한 행동과 성장을 관찰할 수 있었다. 매주, 때로는 매일 새로운 발전이 있었다. 실제로 이 작고 무력한 새끼들은 태어난 지 불과 몇 분 후에 몇 센티미터를 아주 신중하게 기어가서 젖꼭지를 빨기 시작했다. 그놈들은 볼 수도 걸을 수도 없었으나 이미 먹을 곳을 알아냈다.

우리는 지켜보다가 새끼 고양이가 각각 자신들의 자리를 차지하고 있음을 깨달았다. 비록 시력이 제한돼 있을지라도 놈들은 항상 같은 젖꼭지를 향했다. 그 결과 조화와 만족이 모두에게 있는 것 같았다. 내 아내 엘리안은 고양이에 관한 책을 참조하고 이런 행동의 이유를 알아냈다. 새끼들은 냄새로 자신의 젖꼭지 위치를 찾아내며, 자기가 차지한 자리에서 머물려고 했다.

이것은 내가 자신의 일을 도외시하는 것을 꾸짖는 교훈이었다. 만일 내가 내 영역에서 머물고 다른 사람들의 일에 덜 간섭할 수 있다면, 아마도 하나님의 가족이 연합하는 데 훨씬 더 많이 기여할 것이다. 성경에도 "남의 일에 간섭하지 말고 너 자신의 일을 돌보라"고 적혀 있는 것처럼 말이다.

내가 새끼 고양이에게서 놀란 또 하나의 사실은 그들의 성장 속도였다. 태어난 지 며칠 후에 녀석들은 네 발로 서는 것을 익혔다. 물론 여전히 비틀거리고 자주 넘어지기도 했지만, 머지않아 걷기를 익히고 있었다. 처음에는 단지 몇 발짝을 비틀대며 걷다가 넘어져서는 다시 기기 시작했다. 그러나 곧 일어나서 다시 시도하기를 끊임없이 반복하여 지쳐서 곯아떨어질 때까지 계속했다.

우리가 어미고양이의 젖에다 다른 음식을 보충해 주었을 때, 그들은 놀랄 정도로 성장했다. 놈들은 하루하루 활동 영역을 넓혀 갔다. 아직 장애물을 뛰어넘을 수는 없었지만 달리기 정도는 하고 있었다. 그리고 며칠이 지나자 낮은 곳에서는 쉽게 뛰어내렸다. 의자 높이는 더는 도전할 가치가 없게 되었고, 정원의 나무들을 가장 좋아하는 놀이터로 삼았다. 매일 더 큰 모험을 시도해서 마침내 지붕 꼭대기에서 우리를 내려다보았다.

나는 나 자신을 이 고양이들과 비교하지 않을 수 없었다. 너 영혼의 성장은 다른 이들의 눈에 띌 만했나? 나는 점차 더 큰 모험을 기꺼이 감수하여 가장 높은 위치에 이르렀나? "이 모든 일에 전심전력하여 너의 진보를 모든 사람에게 나타나게 하라"(딤전 4:15)는 성경의 명령에 어떻게 자격을 갖추었는가?

"주님, 제가 주님 안에서 성장하는 것이 다른 이들에게 눈에 띄는 모범이 되게 하소서. 주님을 믿고, 계획된 모험을 감수하여 제 지평을 넓히도록 저를 가르치소서."

17

치즈

가마솥 밑에서 불이 몇 시간째 타고 있었다. 쇠줄로 천장에 매달린 이 커다란 솥 바깥에는 검은 그을음이 붙어 있었고 안에는 눈처럼 하얀 우유가 들어 있었다. 나는 스위스의 알프스 높은 곳으로 올라와 외딴 오두막으로 들어갔는데, 여기에서 목동이 동틀 때부터 짜 둔 진한 소젖을 가공하고 있었다. 그는 스위스 치즈를 만들고 있었다.

눈으로 덮인 장엄한 광경의 산꼭대기가 태양에 빛나는 모습이 창문을 통해 들어왔다. 불에서 나는 매운 연기 때문에 눈물이 나와 밖으로 나오고 싶은 마음이 굴뚝 같았지만 그 목동의 행동이 내 주의를 끌었다.

온도계로 우유의 온도를 재던 그는 충분히 데워지지 않았음을 알았는지 불을 다시 지폈고 타는 불기둥이 사람 크기의 그 커다란 가마솥을 감쌌다. 푸르스름한 연기가 오두막에 가득 차고, 짙은 연기 냄새가 내 옷에 스며들기 시작했다. 그러나 목동은 자기 일에 몰두했다. 우유의 온도가 올라가자 그는 재고 또 쟀는데 그러다 마침내 그 순간이 왔다. 너무 차지도 뜨겁지도 않은 정확히 섭씨 32도였다. 아주 작은 기회의 시간이 되었다.

목동은 식료품 저장소로 가서 계측 실린더를 꺼내 거기에 송아지 위에서 빼낸 액체인 랩(lab)으로 채웠다. 적은 양의 랩으로도 몇 분 안에 따뜻한 우유를 엉기게 한다. 그는 우유를 젓다가 단 몇 방울의 랩을 떨어뜨렸는데 즉시 커다란 가마솥의 우유가 변하여 빛깔과 구조와 냄새를 지니게 되었다. 그때 그는 치즈 하프(cheese harp)를 잡아 그 내용물 전체에 공정을 가했고, 곧 고체에서 액체를 빼낼 준비를 했다. 그 뒤 이 고체들은 어떤 형태로 굳혀지고 소금이 가해져서 숙성 과정이 시작될 것이다.

나는 이 과정을 보다가 심오한 교훈을 얻었다. 우유의 온도가 정확히 맞아야 하는 것처럼, 우리가 어떤 주어진 상황에서 행동해야 하는 이상적인 시간이 있다. 적은 양의 랩이라도 따뜻한 우유에 아주 정확한 때 넣으면 엄청난 효과를 낸다. 우리는 랩과 성령의 역동적인 힘 사이에서 유사한 것을 끌어낼 수 있다. 만일 우리가 하나님이 지시하시는 대로 알맞은 순간에 기도하고 증언하면서 하나님의 영과 보조를 맞추며 산다면, 이 세상을 변화시키는 데 우리가 상상할 수 있는 것보다 훨씬 더 크게 영향을 주는 괘리인이 될 수 있을 것이다.

"주님, 주님은 창조주시며 주님의 시간 계획은 완벽합니다. 제가 때의 표적을 좀 더 분명히 이해할 수 있게 하시고, 주님의 성령과 보조를 맞추도록 도와주소서. 오 주님, 주님은 제가 변화의 대리인이 되기를 원하신다는 것을 압니다. 비록 저는 보잘것없지만 주님의 성령에게 인도되고 능력을 받아서 이 서상에 커다란 영향을 끼치게 하소서."

18

통신선

나는 산허리에서 유럽의 가장 깨끗한 호수를 바라보았다. 그것은 금이 녹은 커다란 웅덩이처럼 보였다. 태양은 제네바 바로 위에 있고 하늘은 타는 듯한 붉은색에서 짙은 자줏빛까지 변하는 색조의 팔레트를 뽐냈다. 변하는 색깔을 포착한다면 실로 대단한 그림이 될 것이다.

내 옆에 어떤 예술가도 앉아 있지 않았지만, 적어도 한 화가가 거인의 붓을 휘둘러서 벨벳 같은 하늘에 한편의 추상화를 그려 놓은 것 같았다. 내 머리 위에는 모든 방향으로 높게 뻗은 하얀 선들이 있었다. 때때로 하늘은 십여 개의 선이 가로지르는 거대한 격자처럼 보였다. 그 선들은 얇고 하얀 줄무늬로 시작해서 폭이 더 넓어진 다음, 금빛으로 변했다가 마침내 진한 붉은색으로 바뀌었다.

이 짙지만 불규칙적인 형태는 북에서 남으로, 동에서 서로 뻗었다. 하늘의 이 선들은 제트기 자국으로, 이것들은 비행기 수백 대가 유럽의 붐비는 제트기 항로를 지나게 되면 생긴다. 매일 1,200대 이상의 비행기가 제네바 호수 상공을 지난다. 당신이 무엇을 찾아낼 줄 안다면, 물 바로 밖에 있는 송신기를 쉽게 발견할 수 있다.

이 제트기들이 뒤에 압축된 수증기 자국을 남겨 놓을 때, 나는 조종사와 관제사들이 주고받은 수천 마디의 대화와 지시를 생각했다. 내가 지켜보고 있는 동안에도 그들이 새로운 항로를 지정받은 대로 수많은 검은 점들이 호수 바로 위에서 방향을 바꿨다.

공중의 각 제트 비행기를 추적하는 예긴한 레이더 장비를 사용하여 조종사들에게 지시를 내린 사람은 관제탑의 아주 경험 많은 관제사였다. 조종사들은 항로를 선택할 때 관제탑의 명령을 따라야 했다. 이 명령에 따를 때에만 그들은 이 붐비는 항로에서 충돌을 피할 수 있다.

우리 인생에서 하나님의 역할과 비행기 관제사의 역할은 아주 비슷하다. 하늘에 계신 전능하신 하나님은 모든 필요한 정보를 지니고 관제탑에 계신다. 그의 명령은 우리를 금지하기 위해서가 아니라 안전한 길을 확인해 주기 위한 것이다. 위엄과 무한한 지식을 지니고 계시기 때문에, 그는 지상에 있는 모든 사람의 개인적인 비행 방식을 아시며, 그의 지혜로 우리는 같은 항로에서 해를 입지 않고 나는 것을 배운다.

우리가 그의 말씀을 들을 때 안전히 우리의 목적지에 도달할 것이며, 똑같은 통로에서 다른 사람들과 충돌하는 코스를 피하게 된다. 만일 우리가 다른 이들과 부딪치게 되면, 비난받을 사람은 바로 우리 자신이 된다. 왜냐 하면 주인의 목소리에 주의를 기울이지도 복종하지도 않았기 때문이다.

"일등 관제사이신 주님, 제가 살아갈 때 통신선을 주님께 열어 놓도록 도와주소서. 그리하여 제가 제 생명을 위해 주님의 말씀을 듣고 따를 수 있게 하소서."

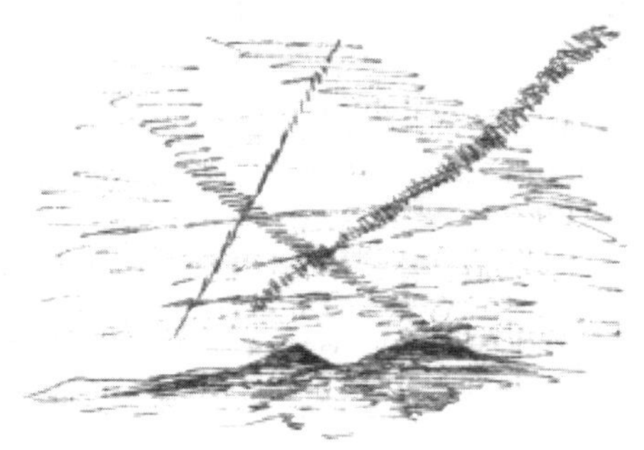

19

목소리를 안다

새로 태어난 어린 양은 억센 농부의 품에 있어서 거의 볼 수가 없었다. 그 작은 양은 농부의 양털 같은 셔츠에 코를 비벼 넣으며, 핑크빛 혀로 젖을 찾았다.

어쩐 일인지 이 양은 낮에 무리에서 처져 있었는데, 바로 몇 시간 전에 눈에 띄었다. 내가 농부를 따라 각기 다른 무리의 양이 들어 있는 양우리로 갔을 때는 이미 날이 어두워지기 시작했다. 그 농부는 "이 어린 놈을 어디에 두어야 할지 모르겠네." 하며 걱정스럽게 말했다. 그의 눈은 마치 어미 양임을 알려 주는 어떤 표시라도 발견하기를 바라는 것처럼 양우리를 훑고 있었다. 이 어린 양은 어느 우리에서 나와 방황했을까? 어느 우리에 어미 양이 있을까?

농부는 그 어린 양을 가장 가까운 우리에 살며시 내려놓

＊　＊　＊　＊　＊

았다. 더 큰 양들이 그놈을 안으로 밀치자 어린 양은 비로소 두려움을 느끼고 황급해졌다. 불안하고 무서워지자, 어린 양은 가련하고 절망에 찬 애달픈 울음소리를 냈다. 그 순간 먼 우리에서 크고 뚜렷한 반응이 왔다. 어미 양은 먼 곳에 있고 다른 소리들에 묻혀 있을지라도 자기 새끼의 목소리를 알아차렸다.

안도의 미소를 지으며 농부는 허리를 굽혀 어린 양을 들어올려 어미 양의 우리로 데려가 놓아 주었다. 그 어미는 이미 우리 일행을 향해 움직이고 있었고, 곧 두 마리는 다시 상봉하였다.

우리는 그 녀석들을 따뜻한 환경의 양우리에 안전하고 편안히 두었다. 따뜻한 식사가 기다리고 있는 집으로 돌아올 때, 나는 우리의 울음소리를 기다리시는 아버지 하나님의 사랑을 생각했다. 세상의 수많은 소리들과 다른 많은 기도 소리들 가운데서도 하나님은 우리의 불안한 울음소리를 들으신다. 그분은 항상 자기 양의 목소리를 아신다.

"오 주님, 제 외침에 응답해 주셔서 감사합니다.
저는 오늘 주님이 함께하시기를
매우 갈망합니다!"

20

크리스마스

'띠리링' 하는 짧은 전화 신호음이 울려서 나는 수화기를 들었다. 우리 선교회의 교환원이었다. 그녀는 "남아프리카 출신의 아주 낯선 이방인이 전화를 했습니다. 기차역에서 오도 가도 못하게 되었는데 누군가가 그에게 우리의 전화번호를 알려 주었다고 합니다. 그에게 뭐라고 할까요?" 하고 말했다. 나는 "우리가 무엇을 해 줄 수 있느냐는 건가요?" 하고 물은 뒤 "우리는 건물을 개방하고 있으니 와서 하룻밤을 지내도 좋다고 말씀하세요."라고 대답했다.

전화를 끊으며 이 사람이 어떻게 느낄지 상상할 수 있었다. 그날은 크리스마스 이브였다. 기차역은 왜 항상 그리도 춥고 외풍이 센지…. 우리 집은 히터를 최고로 틀었는데 반해 이 친구는 추운 밖에서 갈 곳도 없이 서 있을 것이었다.

밖은 무척 어둡겠지만, 우리 집에는 촛불과 전깃불이 환하게 켜져 있었다. 온 동네가 축제 분위기 속에서 가장 좋은 옷을 입고 크리스마스 식사를 기다리고 있었다. 크리스마스는 우리 가정에서 큰 행사다. 우리의 전통적인 '아가페' 식사에는 항상 찬양과 개인의 고백과 성경 구절에 대한 묵상, 빵을 떼기, 기도와 축도가 따른다. 그리고 이때는 서로 한 자리에 모인 것을 즐거워한다.

이날 밤, 내가 앉은 테이블 맞은편에 남아프리카의 그 낯선 사람이 앉았다. 그는 예배 찬송을 몰랐다.

그 밖의 모든 것, 즉 양초가 깜박이는 것, 처음 보는 음식, 방 안에 스며든 소나무 향기 등도 아주 낯선 것임이 분명했다. 우리는 식사를 마친 후, 지난 1년 동안 경험한 주의 선하심을 서로 이야기하기 시작했다.

그 낯선 손님은 잠자코 있다가 갑자기 의자를 뒤로 내밀며 일어섰다. "나는 오늘 여러분 가운데서 하나님을 만났습니다." 그 목소리에는 진심과 감격이 실려 있었다. "지금 나는 여러분의 그리스도를 내 삶에 모시고 그의 제자가 되기를 원합니다. 내 마음에서는 이미 그렇게 했지만 침묵하지 않고 이렇게 말하는 것은 여러분 앞에서 이 고백을 공적으로 하고 싶기 때문입니다. 나는 예수 그리스도가 내 삶의 주인이 되시기를 바랍니다."

내가 그의 말을 들었을 때 내 눈에는 눈물이 고였다. 얼마나 훌륭한 크리스마스 선물인가! 실로 이것이 예수께서 이 세상에 오신 바로 그 이유다. 그는 그 안에서 새 생명에 이르는 길을 우리에게 보여 주기 위해 오신 것이다.

"주님, 제게 오는 낯선 사람에게 집과 마음을 항상 열어 놓게 하소서."

21

스키타기

막 내린 눈은 순백색이며 부드럽고 곱다. 찬란한 태양과 구름 한 점 없는 짙푸른 하늘은 우리를 슬로프로 끌어낸다. 하나님께서 참 좋은 날을 허락하셨다. 아내 엘리안과 나는 스키 장비를 차에 싣고, 30분 안에 체어 리프트를 타고서 스키장에 이르렀다.

우리는 동갑일지라도 스키에서는 아주 차이가 크다. 엘리안은 스키를 매우 잘 타지만 나는 그렇지 못하다. 그녀는 어렵고 빠른 코스를 택할 수 있는 반면, 나는 쉬운 코스만 탄다. 보통 우리는 똑같은 슬로프에서 함께 출발한다. 그러나 머지않아 그녀는 내가 두려워하는 더 어려운 코스로 방향을 바꾼다.

그러나 오늘은 스키 시즌 중 처음 나온 날이다. 우리는 소리를 지르며 슬로프를 빠른 속도로 내려왔다. 놀랍게도 나는 아내와 보조를 맞출 수가 있었다. 그녀의 용기와 과감한 속도는 옮기 쉬운 영향력을 지니고 있었다. 나는 내가 그렇게 빠른 슬로프를 탈 수 있으리라고 생각지 못했다. 그러나 아내를 보자 따라갈 마음이 생겼다.

그때 갑자기 커다란 눈구름이 밀려오고 하얀 눈이 엄청나게 내렸다. 엘리안은 약간 돌출된 곳을 보지 못해서 스키 폴과 눈이 뒤엉킨 채 어딘가로 사라졌다. "당신 괜찮아?" 하고 내가 지나치며 소리치자, "그래요." 하는 대답이 들려왔다. 그리고 내가 미처 상황을 파악하기도 전에 그녀는 다시 일어나 나를 따라잡아 바로 내 뒤에 와 있었다. '그녀는 엎질러진 우유를 보고 울기만 하는 여자가 아니다. 그녀는 넘어지면 재빨리 일어나 계속해서 언덕을 달려 내려온다. 자신에게 연민을 가지느라 시간을 낭비하지 않는다.'고 나는 생각했다.

그리고 그것은 우리 사이에 큰 차이를 가져왔다. 나도 역시 넘어진다. 그러나 내가 다시 발로 일어서는 데는 훨씬 더 오래 걸린다. 나는 슬로프의 윤곽을 보며 내가 왜 특별히 그 장소에서 넘어졌는지를 생각한다. '나는 이 똑같은 활강을 다시 뛰어넘을 수 없을까? 이번에는 왜 더 좋게 그리고 빠르게 하지 못했나?' 이런 생각 때문에 실당과 낙심이 먼저 생긴다.

나는 넘어진 뒤에 더 빨리 일어나서 용기를 내어 언덕을 계속 내려올 필요가 있다는 것을 깨달았다. 나는 단지 내 스키 수준을 받아들이고, 그 범위 내에서만 움직이며 계속 즐겁게 스키를 탔다. 중요한 것은 당신이 넘어지는 횟수가 아니라 당신이 두 발로 일어서는 횟수이다. 마치 성경이 "의인은 일곱 번 넘어져도 다시 일어선다"고 말하는 것처럼!

"주님, 제가 넘어질 때 크게 낙심치 않고 빨리 일어나 경주를 계속 하게 도와주소서."

22

돌려놓기

불규칙한 지하 동굴망은 30킬로미터 이상 뻗어 있었다. 단단한 석회암 속으로 난 그 동굴들은 일정한 온도를 유지해서 프랑스의 가장 귀중한 산물의 이상적인 저장고가 되었다. 희미하게 불을 밝힌 이 동굴들에 세계에서 가장 큰 샴페인 생산업자의 거대한 저장고가 있다.

가이드가 둥근 천장이 있는 동굴의 미로를 따라 우리를 안내할 때, 우리는 수천 개의 나무 선반이 벽을 따라 줄지어 있는 것을 볼 수 있었다. 요구하는 정확한 각도에 병들이 놓이도록 이 큰 사각 판자들 안에는 구멍이 뚫려 있었다.

샴페인 병은 발효할 때 생기는 압력을 견뎌 내기 위해 매우 두꺼운 유리로 만들었다. 보통의 와인과 달리 샴페인은 바트(vat)나 배럴 (barrel) 같은 큰 통이 아니라 병에서 발효

과정을 거친다. 포도를 압축해서 나온 포도즙을 곧바로 병에 담아 코르크로 막은 후 조심스럽게 선반에 놓는다. 거품이 이는 샴페인의 일생이 이 병에서 시작된다. 그러나 이 과정에서 탁한 침전물이 병 바닥에 생기는데 이것은 어떻게 해서든지 제거해야 한다.

이 탁한 침전물을 제거하기 위해, 병을 돌리는 사람들이 나무 선반들을 위아래로 옮긴다. 각각의 병을 약간만 돌려 전보다 조금 더 기운 각도로 나무 선반에 다시 꽂아 둔다. 이 불순물들은 코르크를 향해 서서히 미끄러져 내려온다. 그러나 병을 돌리는 전 과정은 여러 달이 걸릴 수 있으며, 심지어 끝내는 데 1년이 걸릴 수도 있다. 오랜 기다림 끝에 숙성 과정이 끝나면, 바닥이 위를 향한 채 선반에 놓여 있는 병 안의 모든 불순물은 코르크에 모여 있을 것이다.

우리는 병 돌리는 사람들이 일하는 모습을 지켜본 후, 냉동 창고에서 완성되고 있는 샴페인을 보기 위해 옮겨 갔다. 순수하고 깨끗한 샴페인을 생산하기 위해 각 병의 코르크 마개를 얼렸다. 불순물들은 코르크에 견고하게 달라붙었다. 우리가 지켜볼 때, 침전이 끝난 코르크들을 조심스럽게 제거한 뒤 그 병에 이미 완성된 샴페인을 좀 더 채웠다. 그런 뒤 새 코르크로 막고 철사로 졸라맸다. 이 샴페인은 연회 테이블에 알맞게 준비되었다.

프랑스 샴페인 고장의 중심에서, 나는 우리의 삶이 아주 똑같은 과정을 겪는다는 것을 깨달았다. 우리는 성경이 말씀하시는 바 질그릇에 담긴 보배와 같다. 그러나 그 보배에는 많은 불순물이 섞여 있다. 그리고 이 불순물은 최종 제품에 흠이 된다.

이런 인격의 결함은 제거해야 한다. 그리고 하나님은 시간이 걸리고 조심스러운 취급이 필요함을 이해하신다. 그분은 때때로 우리를 안락한 곳에서 빼내어 주변으로 약간 돌려 놓으시고 기울기를 더 높이신다. 우리의 결점들은 점점 출구로 가까이 이동하여 마침내 제거되어 하나님의 은총이라는 새로운 기구로 대체된다. 그때야 비로소 포도 열매는 천국에서 축하받을 수가 있다.

"예수님, 예수님이 제 삶에 가져오시는 모든 비트는 일과 돌려 놓는 일에 감사드립니다. 예수님의 손길이 그 일을 하신다는 것을 제가 믿게 하시고 축하의 날을 참으며 기다리게 하소서."

23

수술

나는 진찰실에 누워서 조심스럽게 의사의 얼굴을 바라보았다. 의사가 초조하게 말을 삼가며 잠시 침묵을 지켰을 때, 나는 병세가 심각함을 알았다. 내 두려움은 곧 확인되었다. "가능한 한 빨리 수술해야 합니다. 상당히 커진 종양이 악성일 수 있습니다."라고 의사가 말했다.

나는 아찔했다. '암에 걸렸을 수 있다.'고 생각했다. 며칠 후 나는 수술실로 옮겨졌다. 등에 마취 주사를 맞고 허리부터 아래로 마비되었다. 수술 중에 통증을 느끼지 못할 것이지만 의식은 있어서 수술 내내 예민하게 깨어 있었다.

수술진은 푸른 가운을 입고 마스크를 쓰며 수술을 준비하면서 서로 말없이 지시를 주고받았다. 나는 갑자기 다리를 들어 올리고 싶은 충동을 느꼈지만 그럴 수 없었다. 다리가 돌덩어리 같았다.

나는 '하반신 불구 환자 같구나.' 하고 생각했다. 그때 방 안 공기의 갑작스러운 변화에 정신이 흐트러졌다. 수석 외과 의사가 도착한 것이었다. 그는 내게 인사를 하고 마스크와 가운을 재빨리 입고 준비 상황을 검토하고 수술용 칼을 쥐었다. 수술을 막 시작하려 했다.

이상한 일이었다. 크고 쓸모 없는 종양을 제거하기 위해 내게 수술을 하는 의사와 하나님께 대한 신뢰가 생겨났다. 그는 아마도 내 호기심을 알아차린듯 '선생님은 그것이 어떻게 생겼는지 보고 싶으세요?" 하고 믈었다. 나는 "예, 물론입니다." 하고 대답했다. 그리고 내 몸에 있던 악성 종양의 크기에 놀랐다.

수술 후, 나는 병원 회복실에서 며칠을 지냈다. 마취에서 깨어나는 시간이 오래 걸렸고 결과를 격정스럽게 기다렸기 때문에 그 기간은 길고도 불안한 날들이었다. "그 종양은 악성이었나요?" 마침내 응답이 왔다. "아닙니다. 테스트 결과 음성으로 나왔습니다." 나는 크게 안도하며 가방을 꾸려 집으로 왔다. 여전히 약간 뻣뻣하고 아팠지만 최악의 상황이 아님을 알았기에 안심했다.

수술 테이블에 누워 있으면서 나는 외과 주치의이신 예수님께서 우리의 질환을 어떻게 다루시는지를 이해하기 시작했다. 내 삶 어딘가에 악성 종양이 있음을 아시는 주님은 그 종양이 어떤 영구적인 해를 끼치기 전에 수술칼을 꺼내 그것을 제거하신다. 내가 그 의사를 신뢰한 것처럼, 예수님께서 나를 수술하실 때 그를 완전히 믿는다. 악성 종양은 사라져야만 한다.

"주치의이신 주님, 제가 수술 테이블에서 주님의 칼을 참을성 있게 그리고 기꺼이 감수하게 하소서. 이 불편한 경험은 제 최상의 건강을 위한 것임을 압니다."

24

화음을 넣다

　건물에서 건물로 이동하며 나는 엘리안에게 "이때는 참으로 놀랄 만한 시대였어." 하고 말했다. 올 휴가 동안 우리는 고대 프랑스 수도원들을 방문하여 세계에서 특수한 이 지역의 종교사를 조사하며 보내기로 결심했다. 우리는 폴란드 북부에서 스페인 남부에 걸친 유럽 지역에 짧은 기간 동안 만 개가 넘는 이 배움의 터전들이 생긴 사실을 발견했다.

　우리가 들어간 건물들은 아주 잘 보존되어 있었다. 우리는 계단을 올라 돌로 된 높은 탑에 올라갔다. 다시 계단을 내려와 수백 년 전 수사들이 맛있는 치즈 요리법을 개발한 지하실로 갔다(이 요리법 가운데 많은 것은 오늘날에도 사용함). 우리는 내내 당시의 숙소가 어떤 모습이었는지, 경건한 수사들로 가득하던 교실은 어땠는지 상상하려고 애썼다.

＊　＊　＊　＊　＊

그때 갑자기 석조 방들을 통해 울리는 희미한 소리가 들렸다. 근처 어딘가에 있는 예배당에서 노랫소리가 부드럽고 친근하게 울려왔다. 그 소리는 점점 커져서 음조의 오르내림을 분명하게 구분할 수 있었다. "이거 흥미로운걸, 그들은 성가대에 관해서는 전혀 얘기하지 않았단 말이야. 저기로 가서 들어가게 해 주는지 봅시다." 하고 엘리안에게 말했다.

그러나 우리가 그 대성당 같은 큰 건물에 들어갔을 때 아무도 보이지 않았다. '이상한데? 아마도 그들은 어떤 스피커 시스템을 통해 그레고리안 성가를 틀어 주는 좋은 레코드가 있는 모양이군.' 나는 생각했다. 헛되이 우리는 그 음악의 근원을 찾으려고 했다.

바로 그때 우리는 수사 한 사람이 커다란 기둥 뒤에 서서 자신의 메아리 소리에 화음을 넣는 것을 보았다. 수정처럼 맑은 그 음들은 고딕식의 아치 천장을 화살같이 떠돌고, 반대편에 줄지어 있는 기둥들까지 날아갔다 튀어오는 것 같았다. 각기 다른 멜로디가 서로 맞물리고 뒤엉켜서 그 찬란한 울림이 공간을 가득 채웠다.

들리는 효과는 성가대 전체가 부르는 것과 같았지만 실제로는 단 한 사람이 부르는 것으로서, 그는 내가 지금까지 본 것 중에서 가장 정교하게 메아리치는 방에서 자신의 목소리에 화음을 넣고 있었다.

오늘 당신은 홀로 있을지도 모른다. 그러나 당신은 하나님이 창조하신 메아리치는 방에 있다. 그 앞에 서서 노래를 불러라. 메아리쳐 울리는 당신의 찬양 소리에 당신의 목소리를 조화시켜라. 왜냐 하면 하나님은 당신의 예배를 들으시고 그것을 천국에서 확대할 것이기 때문이다.

"하나님, 제가 홀로 있을 때라도 제 목소리를 내어서 다양한 방식으로 화음을 이루고 싶습니다. 그렇게 하나님의 이름을 찬양하고 싶습니다."

25

가로막대

땡땡땡…. 종이 울렸다. 빨간 경고등이 켜졌다 꺼졌다 하고, 철도 건널목을 가로막는 큰 막대가 내려졌다.

나는 철로 앞에 멈추어 섰다. 내가 침목을 쉽게 넘어 길을 갈 수 있다는 것을 염두에 둔다. 무엇보다도 그 가로막대는 길을 반만 막아 누구라도 기차가 도착하기 전에 서둘러 건널 수 있는 공간이 충분히 남아 있다.

더구나 나는 그것을 모를 만큼 바보가 아니다. 내가 거기에 서서 기다리고 있을 때, 거대한 기관차가 갑자기 모퉁이에서 달려왔다. 호각 소리가 크게 울리고, 쇠로 된 무거운 기차가 최고 속도로 옆을 지나고, 엔진 소리에 거의 길 옆으로 튕겨 나갈 만큼 놀라고 있을 때, 내가 선로에서 안전히 떨어져 있던 것은 다행이었다. 나는 침착하게 철 침목을 단 몇 피트 밖에서 내려다봤다. 이 지점은 항상 내 기억에 있을 것이다. 왜냐 하면 나는 여기서 내 친구 데이비드의 시체를 확인했기 때문이다.

어느 날 밤에 데이비드도 역시 그 종소리를 듣고, 켜졌다 꺼졌다 하는 경고등도 봤으며, 가로막대가 내려오는 것도 보았다. 그러나 젊고 자신감으로 가득 찬 그는 이렇게 생각했음이 틀림없다. "왜 기다려? 기차는 아직 약간 떨어져 있잖아. 철로를 건널 수 있는 시간은 충분해." 그래서 그는 그렇게 했으나 성공하지 못했다. 그는 달려오는 기차에 치여서 그 자리에서 영원으로 향했다.

데이비드가 경고 표시에 주의를 기울이고 규칙을 지켜야 한다고 생각했다면 좋았을 것이다. 그렇게 했다면 그를 막는 가로막대는 그를 구할 수 있었을 것이다 나는 공상을 그치고 마지막 객차가 지나가는 것을 보았다. 잠시 후 가로막대가 올라갔고 나는 자유롭게 앞으로 갔다.

나는 상념에 젖은 채, 하나님께서 우리에게 보내시는 표시와 경고등에 우리가 그토록 자주 주의를 기울이지 않는 이유를 의아하게 생각했다. 그분은 오로지 우리를 안전하게 보호하기 위해 이 일을 하신다. 다음에 그분이 당신의 삶에서 가로막대를 내리실 때, 주의를 기울이고 기다려라! 위험이 지나갔을 때, 가로막대가 다시 올라가고 당신은 길을 안전하게 계속 갈 수 있음을 확인할 수 있다.

※　　※　　※　　※　　※

"저를 둘러싼 모든 안전 체계에 대해 감사드립니다. 그 체계는 모두 저의 안전을 위한 것이기에 저는 그것들에 주의를 기울이기 원합니다."

26

낙원으로 바뀐 추함

선교회 구내를 벗어나자마자, 아르헨티나의 거리 풍경과 냄새가 나를 강하게 자극했다. 길가에 흘러가는 하수구의 악취가 하도 고약해서 숨을 참아야만 했다. 이 얕은 도랑의 물은 검고 오염된 것처럼 보였으며, 쓰레기 더미가 거품이 이는 수면에서 세탁기의 비누 거품처럼 떴다 가라앉곤 했다.

거리는 덥고 바람이 통하지 않았으며, 천둥이 치기 전에 오는 정지된 고요함이 있었다. 옆에서 터덕터덕 걷는 사람들과 동물들의 발은 커다란 먼지구름을 일으켰으며, 이 먼지들은 소용돌이치다가 축축하고 끈적끈적한 내 피부에 내려앉았다. 더위와 더러움과 소음에 지친 나는 발길을 돌려 시원하고 위생적인 선교회 건물로 돌아왔다.

밤에는 예견한 대로 천둥이 쿵쾅대고 울렸다. 비가 새벽

까지 내렸다. 그러고 나서 해가 뜨고 시원한 바람에 구름이 날려 거대한 호수 위의 요트처럼 짙푸른 하늘을 스쳐 지나갔다. 밤잠을 잘 자고 생기를 찾은 나는 잠시 밖을 산책하기로 결심했다. 그러나 이번에 선교회 밖을 산책했을 때는 내 눈을 의심할 수밖에 없었다.

엄청나게 훌륭한 변화가 일어났다. 비는 길을 따라 있는 추한 하수구 도랑을 불려서 더럽기 짝이 없던 오염물질을 모두 쓸어갔다. 여기저기 거리 위의 조용하고 깨끗한 작은 웅덩이들은 짙푸른 하늘과 눈처럼 하얀 구름들을 비추었다. 전날에 풍경 속으로 사라진 나무들조차 크고 푸르게 서 있었으며 그 뿌리도 물을 머금었다.

추한 하수구는 이제 생명이 넘치는 넓은 공간이 되었다. 수많은 개구리들이 수면 위에 잔물결을 일으키며 놀았다. 나는 그렇게 많은 개구리를 본 적이 없었다. 그놈들은 새로운 환경에 미칠 듯이 만족한 것 같았으며, 도약을 하고 장난치고 귀먹을 정도로 울어대는 황소개구리의 콘서트에서 서로 이기려고 노력하고 있었다. 위에서 내린 비는 비참한 서식지를 낙원으로 바꿔 놓았다. 풀잎들도 밤새 솟아났으며, 곤충들도 각 방향에서 모여들었다. 전 지역이 창조주 하나님의 영광을 찬양하는 거대한 콘서트 홀이 되었다.

나는 변화의 규모에 경이로움을 느꼈다. 동시에 이 이야기에서 영적으로 유사한 점을 볼 수 있었다. 우리 인간들은 종종 우리의 삶과 우리가 사는 세상을 망쳐 놓는다. 그러나 하나님께서 개입하셔서 아름답게 바꾸어 놓으신다. 성경에서 하나님이 이렇게 말씀하시지 않았는가? 그가 재 가운데서 아름다운 것을 가져오시며, 마른 땅에 물을 주지 않으시겠느냐? 그분은 가장 추한 하수구를 그의 영광을 반영하는 아름다운 놀이터로 바꾸실 수 있다.

당신 삶의 환경이 오늘 좀 절망적인 듯 보일지라도 마음을 다져라. 하나님의 지도 아래 그 환경이 아름다운 정원으로 변할 수 있으며, 그 나라의 생명으로 넘칠 것이다. 당신의 삶이 변할 가능성을 하나님께서 당신에게 보여 줄 수 있도록 하라. 그러면 당신은 그것을 믿음의 눈으로 볼 수 있게 될 것이다.

"위대한 창조주 하나님, 저는 변화시키는 하나님의 능력을 믿습니다! 비구름이 사라지고 폭풍이 멈출 때까지 기다리는 인내를 주소서."

27

불구

　모든 것이 아주 예리한 고통과 함께 시작되었는데, 이 고통 때문에 괴로워서 소리를 질렀다. 그런 고통은 겪어 본 적이 없었다. 움직일 때마다 마치 누군가가 칼로 내 척추를 찌르는 것처럼 아픈 통증을 느꼈다.

　정말로 심각한 통증이었다. 의사는 통증의 원인을 몰랐으면서도 물리치료사에게 내 척추를 마사지하라고 지시했다. 이것은 일시적으로 고통을 덜어 주었지만 곧 처음 상태로 돌아갔다.

　나는 왼발을 질질 끌며 여기저기 돌아다니고 내키지 않는 마음으로 일을 대했다. 그러나 곧 누워서 움직이지 않는 것이 고통을 더는 유일한 길임을 알았다. 하루하루 지날수록 점점 그 자세로 지내는 시간이 많아졌고, 해결책도 없이 늘

의사의 지시를 받으며 지냈다. 뉴질랜드의 가장 큰 병원에서 찍은 X선 사진도 어떤 해답을 주지 못했다. 고통만 커갈 뿐이었다. 나는 오래지 않아 움직일 수 없게 되었으며 휠체어를 타고 다녀야만 했다.

내 성실한 아내이자 간호사인 엘리안은 결국 나를 데리고 지구를 반 바퀴 돌아 내 고향 스위스로 날아왔다. 종합적인 의료 테스트를 거친 뒤, 의사들은 마침내 문제의 원인을 찾아냈다. 나는 척추에서 심각하게 이탈된 디스크가 있었으며, 이것이 다섯 군데의 신경 부위를 압박하여 때때로 의식을 잃게 만들기까지 하는 끔찍한 고통을 유발했다. 통증이 시작된 지 여러 주와 여러 달이 지났으나, 마침내 원인을 알아냈기 때문에 지체없이 수술을 받을 수 있었다.

빠른 회복을 바라는 내 희망은 내가 거의 걸을 수 없음을 알았을 때 꺾여 버렸다. 오랫동안 움직이지 못해 내 근육은 오랜 물리치료가 필요할 정도로 위축되었다. 처음에는 끝없이 스트레칭을 하였고 다음에는 몇 발자국의 휘청대는 걸음… 그리고 병원 복도를 걷는 정도의 짧은 걷기… 그 다음에는 내가 사는 동네의 한 구역을 도는 덧 분 동안의 산책 등을 하였다. 그러나 내가 다리를 계속 사용했을 때, 내 근육은 다시 힘을 회복하기 시작했다.

운동은 내가 회복하는 데 필수적인 요소였다. 내 왼쪽 다리 근육은 사용하지 않아서 쇠약해져 있었고 이 근육을 사용

하면 할수록 나는 더 많은 움직임을 회복할 수 있었다. 그러
나 그것은 끊임없는 노력이 필요했다. 조금이라도 게을리하
면 회복한 것들을 아주 빠르게 잃어버릴 수도 있었다.

우리는 하나님과 함께 걷는 영적인 걸음에서도 이와 같은
사실을 볼 수 있다. 우리가 감사와 증거와 다른 사람들을 위
한 중보기도에 힘쓴다면, 우리의 영적인 근육이 사용하지 않
아 위축되는 일은 없을 것이다. 그러나 우리가 이 훈련을 소
홀히 한다면, 우리의 영적인 몸은 움직임을 회복하기가 더욱
어려워질 것이다.

"주님, 제가 영적인 능력을 사용하고 그것을 소홀히 여기지 않도
록 도와주소서. 오히려 날마다 그 능력을 사용하여서 주님과 걸을
때 더욱 강건해지게 하소서."

28

인내

나는 성경을 꼭 붙들고 우리 시골집 베란다 위로 비치는 아침 햇살 속으로 걸어 나가다 놀라서 멈추어 섰다. 바로 전날 저녁에 빗자루로 현관을 쓸고, 좀 더 주의를 기울여 거미집을 완전히 제거했다. 그런데 다시 거미집이 있는 것이다. 하나는 접시만한 크기이고, 다른 하나는 기둥과 난간에 쳐 있었다. 나는 날마다 거미집을 제거했다. 그러나 다음 날이면 거미집은 조심스럽게 새로 만들어져서 다시 그 자리에 쳐져 있었다. 이 거미들은 얼마나 놀라운 인내심을 지녔는가!

눈앞에서 작은 거미가 가장 환상적인 작품을 짜기 시작했다. 이 놀라운 생물은 천장부터 바닥까지 닿는 끈을 뽑아낸다. 거미는 중앙에서 밖으로 주의 깊은 조직적 설계에 따라 집을 짓는다. 거미집이 빠르게 모양을 갖추었을 때, 나는 이 생물의 결심에 마음이 끌렸다. 거미는 마음에 오직 한 가지, 즉 거미집의 완성만을 품고 있었다. 그래서 그놈은 그 목표에 이르고자 끊임없이 실을 짠다.

나는 이 멋진 작품을 와서 보라고 내 아내 엘리안을 불렀다. 그리고 고정시키는 줄이 꽤 멀리 뻗어 있다는 것을 지적했다. 거의 보이지 않는 이 줄들은 몇 야드 이상 뻗어 있다. 그러나 엘리안이 무심코 놀린 손짓에 고정시키는 줄이 끊어진 순간, 모든 작업은 허사가 되었다.

그 모든 복잡한 처리 중에서 오직 하나의 줄만이 남아 있었다. 거미는 그 한 가닥 줄에 대롱대롱 매달려 있었으며, 갑작스러운 거미집의 파괴 때문에 외관상 기절한 듯이 보였다. 그러나 그때 갑자기 그 작은 생물은 다시 행동하기 시작했다. 그놈은 다시 힘을 내어 부지런히 새롭게 실을 뽑아 집을 짓기 시작했다.

거미의 인내심과 불굴의 정신은 내게 깊이 말해 주는 바가 있었다. 내가 힘들여 노동한 결과가 거미집의 경우와 유사하게 파괴됐다면, 나는 그런 인내심을 유지했을까, 아니면 절망 속에서 포기했을까? 나는 하나님이 창조하신 이 작은 생물을 본보기로 삼아, 엄청난 실패에도 되풀이해서 다시 짓는 인내를 배웠다.

"주님, 저를 가르쳐 주님과 같은 종류의 참을성과 인내심을 지니

게 하소서. 많은 장애가 제 길을 막을 때, 저는 종종 매우 쉽게 포
기합니다. 계속해서 시도하게 저를 도와주소서."

29

씨뿌리기

화요일 아침 연구실에 들어갔을 때, 내 하얀 분말 실험용 튜브는 옅은 회색으로 변해 있었다. 연구 프로젝트는 성공적이었으며 그 결과도 고무적이었다. 그러나 회색빛을 띠고 있다는 것은 결과물의 순도가 기준에 미치지 못하고 있음을 의미했다. 연구소 기술자로서 나는 그 결과물을 요구하는 높은 기준에 이르도록 하기 위해 또다시 결정화 과정에 넣어야 했다.

나는 얼룩 하나 없이 깨끗한 유리 비커로 가서 거기에 증류수를 붓고 그 회색 가루를 넣었다. 오래지 않아 흐린 우윳빛 침전물이 생겼다. 그러고 나서 이 흐릿한 액체에 열을 가하여 분말이 용해되기 시작하는 때를 주의 깊게 살폈다.

액체가 끓는점에 이르렀을 때, 용액은 지극히 적은 불순물만 보일 뿐 아직은 거의 투명했다. 이 불순물을 제거하기 위해서 나는 용액을 빠르게 걸러 내야만 했다. 요구하는 수준의 순도에 도달하자 결정화 과정을 시작할 수 있었다. 나는 아직도 끓고 있는 액체를 냉각시키기 시작했다. 나는 기대로 가득 차서 지금은 투명한 물처럼 보이는 액체가 다시 우윳빛으로 바뀌고 수백만 개의 작은 결정들을 형성하는 순간을 고대했다.

액체의 온도는 계속 빠르게 떨어졌다. 90도, 60도, 30도, 10도…. 그러나 고대하던 현상은 일어나지 않았다. 액체는 얼음처럼 차가워졌으며 화합물도 과포화 상태였다. 어떤 종류의 반응이라도 있어야만 했다. 그 순간 선임 화학자가 방 반대편에서 바라보다가 내가 당황하는 것을 보고, "씨를 뿌려야지!" 하고 소리쳤다.

나는 결정을 형성하는 데 가장 중요한 원칙 가운데 하나를 잊고 있었던 것이다. 새로운 결정들은 그것이 형성되기 위해 시작점이 있어야 한다. 나는 용액의 물질과 똑같은 물질로 지난 주 실험에서 얻은 순수한 결정을 핀셋으로 몇 조각을 집어 비커에 넣었다.

몇 초 만에 용액은 눈처럼 하얗게 변했다. 즉시 수백만 개의 결정이 생겼다. 다음 나는 비커에 있는 액체와 고체를 분리하고 결정들을 말려서 다음 단계의 실험에 사용하기 위해 준비해 두어야 했다.

※　　※　　※　　※　　※

이것은 우리 인생에서 일어나는 일과 비슷하지 않은가? 하나님은 우리를 길고도 느린 존재의 과정을 거치게 하셔서 요리하시고 깨끗하게 하시고 걸러 내신다. 우리의 상황은 큰 발전을 하기 직전에 있으며 약속을 보장받고 있는지도 모른다. 그러나 끝으로 씨뿌리기를 하지 않으면 아무 일도 일어나지 않는다. 인내하며 기다려라! 선임 과학자이신 예수 그리스도는 영광스런 최후 결과를 일으키는 결정씨를 언제 떨어뜨려야 하는지 정확히 알고 계신다.

"할렐루야! 주님, 주님은 선임 과학자이십니다. 주님은 저에 관한 모든 것을 아시며, 무한한 지혜로 제 삶을 위해 세우신 모든 것을 이루실 것입니다."

30

새들

아프리카 대초원에는 숲을 헤치고 나가는 육중한 코끼리
무리와 목이 긴 기린과 수천 마리의 털 많은 영양 등 동물들
이 아주 많았다. 산허리에 자리 잡은 이곳에서는 큰 계곡 바
로 너머를 잘 볼 수 있었다. 하나님은 참으로 아름다운 세계
를 만드셨다!

나는 숲 개척지 너머에 독수리 떼가 원을 그리며 날고 있
는 것을 발견했다. '저기에 죽어 가는 동물이 쓰러져 있음이
틀림없다. 그리고 독수리들은 그 동물에게 달려들 것이다.'
하고 생각했다. 평지로 내려온 나는 그 지점에 이르러 불쌍
하게 보이는 동물 시체와 마주쳤는데, 파리가 들끓는 고기
조각을 게걸스레 먹으려는 독수리들이 둘러싸고 있었다. 그
광경은 아름답지 못했다. 독수리는 정말로 내가 좋아하는 동

물이 아니다. 이 광경이 그날 내가 얻을 수 있는 것의 거의 전부였다. 그리고 나는 곧 마을에 있는 내 임시 숙소로 돌아왔다.

그러나 아프리카는 훌륭한 곳이며, 이 나라에 대한 내 사랑은 곧 회복되었다. 다음 날 아침 태양이 열대의 화려함 속에서 떠오를 때, 나는 잠시 주님과 조용한 시간을 보내기 위해 자리에 앉았다. 처음에는 아주 고요했다. 그러나 내 귀에 들리는 희미한 소리 때문에 고요함은 깨졌다. 나는 재빨리 돌아서서, 꽃 속에 있는 꿀을 즐기기 위해 이 꽃에서 저 꽃으로 날아다니는 작은 벌새를 보았다. 나는 하나님의 창조의 표본이 되는 이 아름다운 색을 지닌 새가 사체가 아니라 생명의 꿀을 먹는 것을 경이롭게 지켜봤다.

독수리와 벌새. 둘 다 모두 먹이를 먹지만 완전히 서로 다른 것을 먹는다. 나는 다른 사람의 실패와 재난을 먹고 있는가, 아니면 삶 속에 있는 긍정적이고 달콤한 것을 먹고 있는가?

우리의 창조주이신 하나님께 영감을 받은 바울이 "무엇에든지 사랑할 만하며 무엇에든지 칭찬할 만하며 무슨 덕이 있든지 무슨 기림이 있든지 이것들을 생각하라"(빌 4:8)고 말하지 않았던가?

성경이 "마지막 날에 사악한 자들은 더욱 사악해지고 의로운 자들은 더욱 의를 향하리라"고 말할 때, 나는 의의 진

영에 있기를 확실히 원한다.

"주님, 이 세상에는 삶과 죽음이 나란히 있음을 잘 알고 있습니다.
제가 죽음에서 떠나 주님이 창조하신 달콤한 것을 먹도록 도와주
소서."

3I

지나침

그 밖의 어느 곳에 이 기독교 서적들을 감출 수 있겠는가?
승용차 좌석 아래, 문짝 틈, 옷가방 속 옷가지 사이에 숨긴다
면 성공했을까? 우리가 국경을 넘어 공산 국가로 몰래 들여
가는 모든 기독교 서적을 지하 교회가 몹시 감사하리라는 것
을 나는 알았다.

나와 내 동료는 전형적인 밀수 여행을 막 시작하려는 참
이었다. 한 집단의 지하 그리스도인들은 비밀 테이프 목회를
확립했으나 큰 전문가용 녹음기가 꼭 필요했다. 우리는 이
장비를 몰래 들여와 달라는 부탁을 받고, 국경을 넘을 때 관
광객 행세를 했다. 녹음기를 조심스럽게 옷가방에 넣었지만
공간이 여전히 많이 남았다. 그러니 기독교 서적도 들여와
정말로 가치 있는 여행으로 만드는 것을 누가 마다하겠는

가? 나는 남은 공간을 기독교 서적과 음반들로 모두 채워 넣었다. 아무튼 이번이 물건을 몰래 들여오는 첫번째 여행이 아니었으며, 우리가 그 큰 짐을 가지고 국경을 넘을 수 있다고 나는 어느 때보다도 더욱 확신했다.

나와 함께 여행하는 동료들은 눈을 크게 떴다. "정말 이 모든 책을 가져갈 필요가 있을까?" 그들은 걱정스럽게 물었다. "이 모든 책을 가져가라는 하나님의 명령이 어디에 있어? 우리는 단지 녹음기를 가져다 달라는 부탁을 받았을 뿐이잖아? 너무 지나친 것 아냐?" 나는 그들의 걱정을 달래며 우리가 차를 타고 갈 준비가 됐다고 느낄 때까지 계속해서 짐을 꾸렸다. 우리의 비밀스런 짐을 깊이 숨겨 둔 채 우리는 천천히 국경으로 다가가 가슴을 졸이며 통과되기를 기다렸다.

"트렁크를 여시오." 하고 세관 관리는 간결하게 명령했다. 조용히 안도의 한숨을 쉬며 그가 지적한 가방을 열었다. 그는 옷만 들어 있는 가방을 지적한 것이다. 그러나 갑자기 내가 한 일이 생각났고 식은땀이 흐르기 시작했다. 나는 많은 기독교 서적을 그 가방의 옷 밑에 숨겼던 것이다. 이제 모든 것이 발각되게 생겼다. 그리고 정말 발각되고 말았다.

그 관리가 책들을 보았을 때, 그는 기독교 밀수입자를 잡았다는 것을 알았다. 물론 다른 모든 가방도 열어서 조사를 받아야 했다. 나는 나 자신을 발로 차고 싶었다. 내가 지나치게 욕심을 부려 그 마지막 가방을 채워 넣지만 않았다면! 그러나 이미 늦었다.

우리는 책을 모두 잃었을 뿐 아니라 입국이 거부되었다. 우리를 통과시키리라는 강한 믿음을 지닌, 그러한 영웅이 되려는 나의 지나친 열의 때문에 모든 것을 망치고 말았다. 내게 주의를 준 사람들을 무시함으로써, 나는 전도서 7장 16절의 경고에 딱 어울리는 사람이 되었다. "지나치게 의인이 되지 말며 지나치게 지혜자도 되지 말라 어찌하여 스스로 패망케 하겠느냐"

"주님, 제 한계를 알게 하여 주소서. 제가 위험을 무릅쓰고자 하나 도를 지나치지는 않게 하소서. 주님이 제게 주신 명령을 고수하게 하시고 욕심 많은 황소의 주인처럼 지나치게 짐을 지우는 일을 하지 않게 해 주소서!"

32

둘을 모두 사용하라

인쇄소의 커다란 종이 절단기는 인상적이었다. 면도칼처럼 날카로운 날이 쉭 하는 무서운 소리를 내며 내려와 새로 장정하여 쌓아 놓은 책들을 일정한 크기로 자르고 또 잘랐다.

문득 누군가가 한 손으로는 쌓아 놓은 종이를 맞추면서, 다른 한 손으로 우연히 절단기 버튼을 누른다면 어떤 일이 일어날지를 상상하니 몸서리쳐졌다. 이 기계는 두 사람이 동시에 작동할 수는 없다. 그러나 사용 규정을 준수하여 한 사람이 작동할지라도 자신을 아주 심하게 다치게 할 수 있지 않을까?

"아, 그러나 그것은 불가능합니다. 한 버튼을 한 손만으로 눌러서는 이 기계를 작동할 수 없습니다. 멈춰 버리지요."

하고 근로자 가운데 한 사람이 내게 말하며 그 말이 무엇을 의미하는지 보여 주었다.

절단기 날을 작동하기 위해서는 분리된 버튼 두 개를 동시에, 즉 왼손으로 왼쪽 버튼을, 오른손으로 오른쪽 버튼을 눌러야만 했다. 오직 그때에만 그 날은 작동한다. 이 간단한 원리는 그 기계를 작동하는 모든 사람에게 가능한 최상의 안전을 보장해 주었다. 제조 회사는 그 제품의 속도와 효율성뿐 아니라 그것을 사용하는 사람들의 안전까지도 마음 쓰면서 잘 설계했다.

나는 그것이 우리 그리스도인이 가는 걸음과 어느 정도 같다고 생각했다. 한편으로 기도하고 다른 한편으로 하나님의 말씀을 읽는 것이다. 우리가 동시에 이 두 가지 장치를 모두 사용한다면, 하나님의 능력이 원수의 요새를 잘라 내기 위해 발휘될 것이다. 아무런 위험 없이!

"기도와 성경이라는 두 가지 제어 장치를 주신 데 대해 감사드립니다. 그 두 가지 장치를 동시에 사용하도록 우리를 도와주소서!"

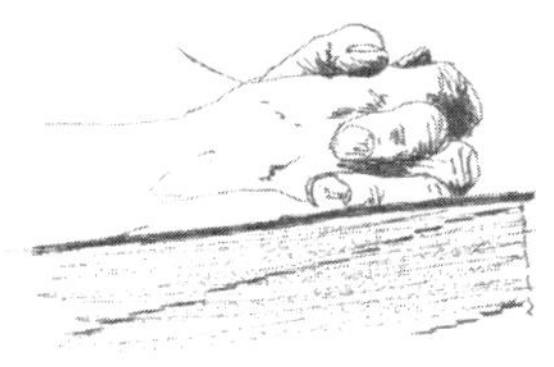

33

궁핍한 자들을 향하는 눈

이제 잠시 후면 내가 탈 비행기의 탑승을 알리는 방송이
나올 것이다. 나는 공항 라운지에서 참을성 있게 기다렸다.
주위의 어떤 사람들은 책을 읽고 있었고, 또 다른 사람들은
쇼핑하고 있었으나 사람들 대부분은 단지 앉아서 기다리고
있었다.

갑자기 동요가 있었고, 옷을 잘 입은 일단의 사업가들이
공항 라운지를 통과할 때 많은 사람들이 고개를 돌렸다. 그
들의 발걸음에는 어떤 거만함이 있었으며, 탑승구를 향해
큰 걸음으로 가던 그들은 분명 사업상의 일에 매우 몰두해
있었다.

그러나 그들 가운데 한 사람은 느긋하고 침착하며 주변의
혼란에 마음이 흔들리지 않는 듯이 보였다. 나는 그를 보고

는 내가 잘못 보지 않았나 싶어서 다시 한 번 쳐다봤다. 그러나 정확히 본 것이었다. 그는 인종 분리 정책을 펴 온 정권에 저항하다 감옥에서 27년을 지낸 역동적인 흑인 지도자 넬슨 만델라였다. 이제 변화의 바람 속에서 그는 아프리카 국가 평의회 의장이 되었고, 몇 달이 지나면 남아프리카의 대통령이 될 것이었다.

그의 수행원들은 비행기를 타기 위해 서둘러 몰려갔지만, 넬슨 만델라는 느긋하고 편안히 산책하듯 걸었다. 그때 그의 눈에 휠체어를 탄 사람이 보였다. 넬슨 만델라는 그 사람에게 걸어가 몇 마디 주고받은 뒤 마침내 탑승구로 나갔다. 나는 깊은 인상을 받았다. 이 사람은 아마 그 나라에서 가장 중요한 인물이었을 텐데 휠체어를 탄 낯선 사람에게 말을 건넬 시간을 냈다.

나는 이 사건에 나를 비추어 보았다. 주님을 위한 여행과 일에서, 나는 빈번히 사람들의 요구에, 그것도 필사적으로 이루어지기를 바라는 사람들의 요구에 접해 왔다. 그러나 한마디 격려의 말을 건네기는커녕 그들을 쳐다보는 시간을 내는 일도 거의 없었다.

넬슨 만델라는 누군가에게 좋은 인상을 주려고 하지 않았다. 카메라도 없었고 그의 행동을 기록하려고 기다리는 기자도 없었다. 사실상 그들은 이미 서둘러 비행기로 갔다. 그러나 넬슨은 사람들에게 진정한 관심이 있었다. 27년 동안 감

✳ ✳ ✳ ✳ ✳

옥에서 받은 학대, 고문, 고립으로 고통을 심각하게 인식하고 거기에 반응하는 사람이 되었다.

우리 자신은 어떤가? 우리는 어려운 일들을 겪고서 더 인정 많고 더 그리스도 같은 사람이 되었는가? 아니면 지독하고 화를 잘 내고 자신의 고통과 필요에 더 몰두하는 사람이 되었는가?

"주님, 일상생활에서 고통 받고 궁핍한 사람들을 향해 제 눈이 민첩하도록 도와주소서. 그들을 위해 멈출 여유가 없을 만큼 바쁘게 몰려가지 않도록 저를 유지해 주소서. 당신께 영광을 드리는 방식 안에서 당신의 생명으로 그들을 감동시키게 하소서."

34

이탈하지 않음

스위스의 가을 산은 숨 막힐 정도로 아름답다. 그래서 휴가 중 어느 날 나는 탁 트인 곳을 걸으려고 밖으로 나갔다. 산허리에 올랐을 때, 내 앞에는 믿기 어려울 정도의 광경이 펼쳐졌다. 푸른 산등성이가 연이어 펼쳐져 있고, 아래로는 작고 기묘한 갈색 스위스 샬레가 점점이 박힌 깊고 푸른 계곡들이 있었다.

나는 바람에 흔들리는 소 방울 소리를 들었다. '소들이 아주 가까이 지나고 있음이 틀림없다.'고 생각했는데, 곧이어 건강한 스위스 동물이 보였다. 한 마리, 두 마리, 그리고 전체 무리가 깊은 계곡 아래로 산허리를 천천히 내려오고 있었다.

이내 소를 모는 사람이 눈에 띄었고, 그가 내 곁에 이르렀을 때 우리는 말하기 시작했다. "예, 지금 산에 추운 날씨가 시작됐기 때문에 여름을 보낸 고도가 높은 초지에서 소 떼를 몰고 내려오는 시기입니다. 곧 눈이 내릴 것이고 그러면 소 떼에 치명적일 수 있습니다. 그래서 소들이 따뜻하고 안락한 외양간에서 겨울을 지내기 위해 마을로 내려오는 것입니다."

계속해서 소들은 산 아래로 내려갔다. 길 가장자리에는 여전히 뜯을 풀이 많았다. 그러나 소들은 그것을 거들떠보지도 않았다. "매우 흥미로운 현상이지요." 소를 모는 사람이 내게 말했다. "해마다 알프스 초지의 캠프를 닫고 내려오기 시작하면, 소들은 우리가 어디로 갈 것인지 정확히 압니다. 그들은 가장 좋은 초지를 통과해 가지만, 싱싱한 풀에 관심을 기울이지 않습니다. 그들은 외양간으로 가는 여행이 꼬박 하루 걸리는 것을 압니다. 그래서 그들은 오른쪽이나 왼쪽을 쳐다보지 않고 꾸준히 길을 내려갑니다. 그들은 길 옆에 최상의 먹이가 있을지라도 곁길로 나가지 않습니다. 왜냐 하면 자기들이 집을 향해 가고 있음을 알기 때문입니다."

정말 흥미롭다고 생각했다. 우리 인간들은 천국 예루살렘으로 가는 도중 온갖 종류의 좋은 것들을 따라 곁길로 나간다. 예수님은 우리에게 한 가지 목적에만 전념하라고 말씀하셨다. 그러나 우리는 매우 자주 그 목적에서 벗어난다. 오 주님, 우리가 이 세상 모든 오락을 무시하고 주님께 우리 눈을 고정하도록 도와주십시오.

"주님, 하늘나라 외양간을 향해 주님을 따라가는 오늘, 길 옆 무상한 즐거움에 마음을 뺏겨 곁길로 가지 않게 하소서. 밤이 오기 전에 우리의 최종 목적지에 도달하기 위해 이 한 가지 목적만을 마음에 확고히 간직하게 하소서."

35

은

그것은 흥미롭게 지켜볼 만한 일이었다. 은 세공인은 불꽃을 내뿜는 토치가 있는 작업대에 앉아 있었다. 수많은 갖가지 은 장신구들이 밑에서 강한 열을 받고 있는 작은 액체 호수 속으로 녹아들었다.

그가 녹인 은에 활활 타는 화염을 계속 들이댔을 때, 은은 흔들림 없고 맑고 외관상 흠이 없어 보였다. 그러나 그가 그 용기를 흔들자, 작고 검은 조각의 순수하지 않은 물질이 표면에 떠올랐다. 내 눈에 은 용액은 순수하게 보였으나 그 세공인은 더 잘 알고 있었기 때문에 열을 더 가하고 용기를 흔듦으로써 더 많은 불순물들을 제거할 수 있었고, 횃불 램프로 그것들을 증발시킬 수 있었다

은 세공인은 계속해서 열을 가하고 용기를 흔들어서 더

많은 불순물들을 날려 버렸다. 나는 그가 그 과정을 되풀이하는 것을 보고 흥미를 느꼈다. 계속 열을 가하고 용기를 흔들어대자 마침내 마지막 불순물도 증발하였다. 용해된 금속이 든 작은 웅덩이는 순수한 은빛으로 반짝거렸고, 거울 같은 표면에는 그의 얼굴이 비쳤다.

그때서야 은 세공인은 만족했다. 그는 토치를 끄고 그 금속을 식힌 뒤 용기에서 은을 꺼내 내게 검사해 보라고 건네주었다. 내 손에 든 그 작은 금속 조각은 이제 완전히 연단되었다.

나는 똑같은 이미지를 사용하는 예수님에 대해 생각하지 않을 수 없었다. '은을 연단하는 사람처럼 주님은 사랑하는 사람들을 연단하신다.' 아주 최근에 하나님은 내 삶에서 성화되지 않은 면들을 제거하기 위해 나를 흔드셨고, 내가 누군가에 대해 숨겨 둔 꼬인 심정과 분개한 마음이 표면에 드러났다. 은 세공인처럼 하나님은 연단하는 불을 내게 가하고, 내 마음을 정화하기 위해 나를 심하게 흔드셨다. 그때는 이것을 매우 불쾌한 과정으로 느꼈지만 건전하고 필요한 일이었다. 예수님 시대의 사도들은 이 연단하는 불을 경험했음이 확실하다. 한 실마리가 베드로전서 1장 6-7절의 말씀에 있다. "그러므로 너희가 이제 여러 가지 시험을 인하여 잠깐 근심하게 되지 않을 수 없었으나 오히려 크게 기뻐하도다 너희 믿음의 시련이 불로 연단하여도 없어질 금보다 더 귀하여

예수 그리스도의 나타나실 때에 칭찬과 영광과 존귀를 얻게
하려 함이라” 솔로몬도 잠언 25장 4절에서 “은에서 찌끼를
제하라 그리하면 장색의 쓸 만한 그릇이 나올 것이요” 하고
말한 것을 보면 역시 이 불을 경험했음이 틀림없다.

　나는 은 세공인이 다시 다른 은으로 작업하는 것을 보면
서 조용히 기도하기 시작했다.

“주님, 모든 불순물이 표면으로 떠오르고 주님이 더하시는 열로
그 불순물이 날아갈 수 있도록 저를 계속 흔들어 주십시오. 제가
아주 순수해져서 큰 대장장이이신 주님의 형상을 제 마음과 삶에
비추어 모든 사람이 볼 수 있기를 원합니다.”

36

겉모양도 중요하다

나는 잘 알려진 선교회가 운영하는 성경학교에서 가르치기 위해 세계를 반 바퀴나 날아갔다. 첫날, 학생들이 조용히 자리에 앉아 있을 때, 나는 한 학생에게 물었다. "왜 학생은 이 특수한 성경학교를 택했습니까?"

"음…. 저는 똑같은 내용을 가르치는 세 대륙의 세 학교에 각기 편지를 썼습니다. 그러나 그 학교들이 얼마나 다른지 곧 알게 됐습니다.

첫째 답장은 '친애하는 미래의 학생…' 으로 시작하는 컴퓨터로 작성한 편지였습니다. 나는 스미스 부인이지 미래의 학생이 아니어서 기분이 나빴습니다. 그렇지 않았다면 매우 마음이 끌렸을 학교인데 거부했습니다.

둘째 답장은 초라한 갈색 봉투에 담겨 왔습니다. '친애하는 캐럴'로 시작한 이 편지는 따뜻하고 인격적이라고 생각했습니다. 그러나 응시원서들을 너무 형편없이 인쇄해서 거의 읽을 수 없었습니다. 편지 끝에는 '나쁜 상태의 이 원서 양식들을 이해해 주시기 바랍니다. 우리 복사기를 수리해야 하는 상태라 그렇습니다.'는 말이 덧붙여 있었습니다. 복사도 적절히 할 수 없다면, 어떻게 훌륭한 성경학교를 운영할 수 있겠습니까? 그래서 나는 그 학교도 고려하지 않기로 했습니다.

마지막 답장은 깨끗하고 밝은 파란색 봉투에 들어 있었습니다. 편지 내용도 봉투와 어울리는 편지지에 인쇄되어 있었습니다. 나는 그것이 표준 양식이지만 매우 인격적이고 반기는 것임을 알 수 있었고, 이 사람들에게 훌륭한 표준이 있으며 학생들에게 마음을 쓴다는 것을 즉시 알아차렸습니다. 나는 그들이 성경학교를 수준 높게 운영하고 있다고 생각했는데 그곳이 여기였습니다. 그래서 이곳을 택했습니다."

나는 이 말을 듣고 우리가 하는 일의 겉모양과 특성이 얼마나 중요한지를 깨달았다. 또 매사에 인격적으로 접근하는 것 역시 중요하다고 느꼈다. 나는 성경에서 이런 주제에 대한 하나님의 지혜의 말씀을 발견했다. "좋은 평판을 얻어 수치를 당하지 않도록 하라"

"주님 저를 도우사 훌륭한 기준을 목표로 삼게 하시고 사람들에

게 따뜻하고 인격적으로 다가가게 하소서. 그리하여 제가 하는 모
든 일에서 주님의 이름이 영화로워지게 하소서."

37

부드러운 대답

나는 지나치게 붐비는 스위스의 한 도시에서 주차할 곳을 찾다가, 결국 한 줄로 늘어선 자동차들 맨 끝에서 약간의 빈 공간을 발견했다. 그 좁은 공간에 차를 대고 차문을 잠그면서 이곳이 합법적인 주차 공간임을 나타내는 표지판을 찾아봤다. 주차 금지 표지판은 하나도 없는 것 같았지만, 내 차는 누군가의 차고 진입로 가장자리에 주차해 놓은 상태였다.

나는 여유 공간을 재 보았다. 주인이 차고에서 차를 운전해서 나와 도로로 진입하기에 충분한 여유가 있었다. 아무런 문제가 없었다. 그러나 내가 한 시간 뒤에 돌아왔을 때, 차 앞유리 와이퍼에 쪽지가 꽂혀 있었다. 나쁜 일일까 두려워하며 쪽지를 펼쳐 보니 아니나 다를까 불법 주차 딱지였다.

그러나 정말로 주차에는 아무 문제가 없지 않았는가! 도로를 얼핏 보니 내 차만 차별 대우를 받았다. 그리고 이 지역이 주차 금지 구역임을 알리는 표지판도 분명 없었다. 이 부당함에 성이 나서 나는 차를 그 자리에 놔두고 몇 블록 떨어져 있는 경찰서로 걸어갔다.

"이것은 정말 용납하기 어려운 일이요! 와서 직접 보시오. 내 차는 안전하게 도로에서 떨어져 있고, 아무것도 방해하지 않았소!" 나는 경사에게 소리쳤다.

"죄송하지만 당신에게 벌금을 매긴 경찰관은 지금 회의중이라 어쩔 수 없습니다. 우리가 당신을 도울 수 있는 일은 아무것도 없습니다." 하는 답변만 돌아왔다. 화를 내는 것이 아무 효과가 없음을 알고 나는 차로 돌아왔다. 그러나 집으로 가기 전에 진상을 확인해야만 했다. 나는 그 집 주인에게 내가 정말로 그들의 진입로를 방해했는지 묻고 싶었다.

나는 초인종을 누르고 기다렸다. 그 집의 여주인이 나타났고 나는 내가 진입로 옆에 주차한 차의 주인이라고 말한 후, 조금이라도 상대방을 방해했는지 물었다. 그리고 내 차를 출입구 가까이에 댄 것을 사과하며 용서를 구했다. 경찰관이 불법 주차 벌금을 매긴 사실을 말하고 다시 한 번 내가 일으킨 불편에 대해 사과했다.

그녀는 약간 당황하며 이렇게 말했다. "선생님의 차유리에 주차 위반 딱지를 붙인 것은 아마도 내 남편일 겁니다. 남편은 경찰이어서 그렇게 할 권리가 있습니다. 그러나 선생님의 위반 딱지는 두고 가십시오. 내가 남편에게 말해서 전화 드리도록 하겠습니다.”

나는 결과가 어떨지 궁금해하며 집으로 운전해 돌아왔다. 그날 저녁 내가 집에 도착한 지 얼마 안 되어 그 경찰에게서 전화가 왔다. “당신이 내 아내에게 예의를 갖추고 정중했기 때문에 나는 당신의 벌금을 취소하기로 결심했습니다. 당신은 벌금을 낼 필요가 없습니다.”

우리가 상대방의 입장에서 행동한다면 아주 큰 결과를 얻을 수 있다. 부당함에 부드럽고 겸손한 태도로 접근하면, 우리는 종종 분노를 그 상황에서 제거할 수 있다. 실로 “유순한 대답은 분노를 쉬게 한다”고 말하는 성경은 옳다.

“주님, 제가 부당하게 대우받을 때 바른 마음으로 대응하게 도와
주소서. 제가 분노를 쉬게 하는 대답만을 하게 하소서.”

38

민들레

군데군데 남아 있던 눈들이 끝내 사라졌다. 자연은 새로운 생명들을 깨우고 있었다. 근처에서는 시냇물이 졸졸졸 소리를 내고, 초원은 푸른 생기로 넘쳐났다.

나는 사람들이 들판을 천천히 가로질러 거니는 것을 볼 수 있었다. 때때로 그들은 허리를 굽혀 뭔가를 따서 가져온 플라스틱 가방에 담았다. 그들은 가방이 가득 찰 때까지 상쾌한 풀밭 위를 이리저리 걸었다. 눈은 지금 막 녹았고 작물도 아직 다 자라지 못했을 텐데 그들은 무엇을 따는 것일까?

그때 엘리안이 한 말이 생각났다. 그날 오후 그녀는 작은 민들레순을 따러 무척 나가고 싶어했다. 신선한 이 풀의 싹은 사람들이 집과 레스토랑에서 즐기는 훌륭한 샐러드가 된다. 레스토랑에서는 봄철 맛있는 음식으로 아주 비싸게 팔린다.

우리는 향기로운 봄 날씨 속으로 함께 걸어갔다. 그리고 아직 부드럽고 유순한 초원을 산책했다.

민들레순을 딸 수 있는 때는 그때뿐이었다. 몇 주 지나면 꽃으로 자라서 초원은 밝은 노란색 꽃으로 물들 것이다. 그러면 사람이 먹을 수 없게 되고 다만 소 떼만 들판에서 뜯어 먹게 된다.

민들레순의 수확 기간이 짧다는 사실을 두고 나는 생각에 잠기게 되었다. 우리는 하나님이 주신 기회를 가장 잘 이용하는가? 아니면 그 여린 새순이 자라서 쓴맛이 나고 쓸모가 없어질 만큼 오래 머뭇거리는가?

오늘 하나님이 주신 기회를 최대한 이용하라. 네 손이 하려고 찾는 것은 무엇이나 온 힘을 다해 하라. 왜냐 하면 오늘 열린 문이 내일은 열리지 않을지도 모르기 때문이다.

"주님, 오늘 주님이 주신 기회에 대해 감사드립니다. 제게 용기를 주셔서 이 열린 문 밖으로 발을 내딛게 하시고, 문 밖에 있는 것들을 볼 수 있게 하소서. 때가 너무 늦기 전에…"

39

역마차

멀리서 트럼펫 소리가 들려오고 있었다. 트럼펫 소리는 산허리에서 메아리쳤다. 사람들은 도착하는 순간을 기다리며 목을 길게 뺐다. 마침내 꼼꼼하게 손질한 역마차를 끄는 백마 다섯 마리가 보이기 시작했다.

이 행사의 배경은 유럽에서 전략상 가장 중요한 알프스 횡단로들 가운데 하나인 고트하르트였다. 많은 여행객들이 수세기에 걸쳐 이 횡단로를 이용해 왔다. 그 중에는 예전에 말이 끄는 마차를 타고 여행하던 스위스 사람들이 포함돼 있다.

전통적인 복장을 한 마부 두 사람이 마차 바깥쪽 높은 자리에 앉아서 말 다섯 마리를 모는 동안, 승객 여덟 명은 아래쪽에 앉아서 산을 넘는 이 특이한 여행을 즐기고 있었다. 그들은 한때 유명했던 고트하르트 우편 역마차 여행을 재현하고 있는 것이었다.

그들이 계곡에서 자갈길을 넘어 길을 올라올 때, 그것은 볼 만한 광경이었다. 그들이 길 꼭대기에 도착할 때가 절정의 순간이다. 승객들은 좋은 점심을 제공받고, 이때 말들도 먹고 쉰다.

이 장면은 아주 독특해서 수백 명이 자동차를 멈추고, 고트하르트 역마 다섯 마리가 도착하는 것을 보려고 몰려왔다. '사람들이 모두 이리로 온 이유가 무엇일까? 왜 사람들이 모두 이 느린 수송 형태를 보고 와와 소리칠까?' 게다가 값이 엄청나게 비싸지만 않았다면, 나도 엘리안과 함께 역마차를 타고 이 하루 동안의 여행을 즐기고자 했을지 궁금했다.

한 장소로 차를 운전해 가고 있던 우리는 길 앞의 똑같은 장면만을 보아 왔다. 우리는 같은 거리의 똑같은 길을 달렸다. 그러나 우리가 한 시간 걸린 데 비해 역마차는 꼬박 하루가 걸렸다.

아마도 이 재현은 20세기의 사람에게 삶이 너무 빨리 진행되고 있다는 단서가 될 것이다. 나는 역마차를 바라보고 있는 사람들이 모두 속도를 늦추고, 여유 있게 옛길을 택하고, 꽃을 보며 마차의 방울 소리를 듣고, 가축의 거름 냄새 맡기를 원한다고 느꼈다. 사람들은 시냇물 소리를 듣고, 햇빛 아래서 들짐승이 뛰노는 것을 보고, 역마차에서 눈 쌓인

❋　❋　❋　❋　❋

산 정상과 빙하를 바라보고, 산등성 높은 곳에 있는 산양을
보고 싶어했다.

예수님께서 제자들에게 따로 떨어져서 잠시 쉬라고 하신
것은, 그 마음에도 이와 비슷한 생각이 있었기 때문이라고
믿는다. 우리의 삶은 우리가 속도를 늦추고 여유를 가지면
풍성해질 수 있다.

"주 예수여, 제가 속도 늦추기를 원하실 때면, 저를 도우사 주님의
목소리를 듣게 하소서. 세상을 옆으로 밀어 두고, 주님 안에 저를
맡기고 안식하는 법을 가르치소서."

4O

빌려 쓰다

예수님의 삶에서 빌려 쓰지 않은 것이 있는가? 그는 가난하기 때문에 이런 식으로 사셨는가, 아니면 최고의 겸손을 모범으로 보이시고 그의 모든 권리와 아무것에도 의존하지 않는 풍성함을 스스로 포기하셨기 때문인가?

메시아의 출생지인 베들레헴이 건너다보이는 목동의 들판에 우리가 섰을 때, 예수님께서 빌린 구유에서 태어났다는 사실이 떠올랐다. 베들레헴을 짧게 여행한 후, 우리 일행은 갈릴리 바닷가에서 야영했다. 이곳은 예수님께서 군중에게 설교하고, 물가의 너무 많은 사람들을 피하기 위해 낯선 이에게 배를 빌린 곳이었다.

우리의 다음 정착지는 우리 여행에서 가장 중심이 되는 예루살렘이었다. 우리는 이스라엘 수도의 먼지 많은 길 옆에 앉아 그의 승리에 찬 입성 이야기를 읽었다. 그런데 유대인의 왕으로서 그들이 환호하며 맞은 사람이 탄 것은 무엇이었는가? 그가 탄 것은 빌린 나귀였다.

우리는 도시 외곽부터 길을 따라 학자들이 최후의 만찬이 있었다고 말하는 유명한 '다락방'으로 갔다. 그러나 이 단조롭고 평범한 방도 예수님의 것이 아니었다. 그것은 빌린 방이었다.

골고다 언덕을 걸어 오르다 예수님의 생애 마지막 장면이 문득 내게 떠올랐다. 그는 자갈길을 비틀거리며 걷고 있었다. 등에 빌린 십자가를 지고서….

주일 아침 우리는 골고다 아래의 정원에 있었는데 예수님이 묻힌 무덤이 가까이 있었다. 함께 빵을 나누는 일은 십자가의 실제를 절실히 느끼게 했다. 그리고 나는 무덤이 비어 있어서 기뻤다. 그때 그 무덤 또한 빌린 것임을 깨달았다.

만일 끊임없이 소유물을 추구하지 않고 삶을 살아갈 용기와 겸허함이 우리에게 있다면! 예수님께서는 해야 할 모든 것을 하셨다. 그러나 그가 사용하신 거의 대부분은 빌린 것이며 낯선 사람들이 그에게 준 것이었다. 솔로몬이 말한 것처럼 들의 꽃을 보고 교훈을 얻는다면 우리는 더 지혜로워질 것이다.

"왕의 모든 영광도 이 꽃 하나만 같지 못하였느니라"

❋　　❋　　❋　　❋　　❋

"주님, 저를 가르쳐 주님의 은혜를 의지하고 세상 소유물을 의지
하지 말게 하소서! 제가 필요 이상으로 많이 소유할 때 관대한 마
음으로 다른 이들에게 주게 하시고, 제가 궁핍할 때 감사하고 겸
손한 마음으로 선물을 받게 하소서."

41

설명서

모니터의 푸른 화면이 부드럽게 빛난다. 내가 본문을 컴퓨터에 입력할 때, 하얀 커서는 한 줄에서 다음 줄로 서둘러 이동한다. 내 손가락들은 자판 위를 빠르게 옮겨 다니며 즉시 서체를 바꾸고, 본문을 이동시키며, 전체 단락을 저장하고 삭제할 수 있다.

컴퓨터는 굉장한 발명품이며 사용하기도 아주 쉽다. 이 전자 기기를 고안한 사람들은 버튼 하나만 누르면 사용할 수 있는 모든 종류의 명령어를 시스템에 내장했다. 자판에 심지어 'HELP'라는 버튼도 있다. 이 버튼을 누르기만 하면 내 힘으로 그 일을 수행하도록 도와주는 설명서가 즉시 스크린의 반쯤을 차지하며 뜬다.

그러나 자판 위에서 사용할 수 있는 명령어가 충분치 않을 때가 있다. 나는 이 키 저 키를 눌러 보지만 원하는 결과가 나타나지 않는다. HELP 버튼조차 원하는 정보를 내게 주지 못한다.

이럴 때 나는 핸드북을 잡는다. 이것은 그 고안자가 정리한 내용을 수백 쪽으로 구성한 매우 무거운 책이다. 한 장에서 다음 장으로 넘기다가 문득 이 책이 컴퓨터에 관해 가질 수 있는 모든 질문에 대해, 실로 모두 답하고 있음을 깨달았다. 어떤 목적을 성취하기 위해서 해야만 하는 것을 하나하나 세세하게 설명해 놓았다.

그러나 컴퓨터에 관한 글을 읽는 것은 시간과 정신집중을 요한다. 내가 원한다 할지라도 급히 정보를 얻는 방법은 없다. 나는 그 지시를 따라 자판 하나하나를 순서에 맞게 눌러서 마침내 내 목표에 이를 수 있다. 작동 설명서를 참고하는 것은 시간을 소모하는 것일 수 있다. 그러나 일을 수행하고자 한다면 대단히 중요한 것이다.

우리 그리스도인의 삶도 그러하다. 우리가 종종 다른 사람들에게 'HELP'를 요청하지만, 그들이 주는 도움이 어느 때에는 적당하지 않다. 제조한 사람의 핸드북인 성경을 참고할 때까지 우리는 전혀 진전을 보지 못한다. 그 일은 시간을 요하며, 또 쓸모 있기 위해서는 지시를 하나하나 따라야 한다. 그때에만 우리는 인생을 살아가는 방법을 얻는 데 필요한 통찰력을 얻게 된다.

※　　※　　※　　※　　※

“주님의 영감을 입은 말씀으로 된 작동 설명서를 우리에게 주시
니 감사합니다. 제가 그것을 끊임없이 읽고 주님의 지시를 끝까지
따르게 도와주소서.”

42

식당 칸

아무리 관찰력이 없는 사람이라도 곧 그 사람이 농부임을 알아차릴 수 있었다. 그의 갈색 옷과 거칠게 짠 재질의 오버코트, 그리고 그의 행동이 그 사실을 분명히 말해 주었다. 그의 표정, 외모와 거동은 주변과 어울리지 않았다.

나는 스위스의 빠른 간선 철도를 타고 여행하고 있었는데 기분 전환을 하기 위해 매력적인 식당 칸에서 식사하기로 결심했다. 훌륭한 점심 식사를 내가 왜 마다하겠는가? 무엇보다도 나는 여행하는 동안 매우 자주 샌드위치를 우적우적 씹어 먹어야 했다. 식당 칸은 붐볐지만 제 때에 도착해 의자 두 개가 있는 작은 마지막 테이블을 잡을 수 있었다. 나는 의자에 편안히 앉아 음식을 즐겁게 먹으며 지나치는 풍경을 바라봤다.

투박하고 세련되지 않았지만 예의 바른 그 농부가 빈 좌석을 찾는 것을 보았을 때, 나는 웨이터의 반응에 놀랐다. "죄송하지만 손님이 앉으실 좌석은 없습니다!" 웨이터는 큰 소리로 말했다. 머리를 들고 보니 웨이터가 이 농부 손님을 원하지 않는다는 것을 알 수 있었다. 그러나 내 옆에는 여전히 빈 자리가 하나 있었다.

나는 웨이터에게 말했다. "잠깐만요. 그 손님 여기 내 테이블에 앉아도 됩니다." 말을 하면서 나는 농부에게 손짓으로 내 옆자리에 와서 편안히 앉으라고 했다. 웨이터는 눈살을 찌푸렸다. 그러나 그것이 내 결심이었고, 소동을 일으키지 않고 웨이터가 할 수 있는 일은 없었다.

농부는 앉으면서 즉시 나를 향했다. "저 친구가 나를 어떻게 대하는지 보셨지요? 물론 웨이터는 나를 단지 촌뜨기 농부라고 생각할 겁니다. 그러나 오늘 나는 억만 장자가 됐어요. 내 땅을 부동산업자에게 팔 수 있었거든요. 큰 회사가 계약서에 서명했지요. 그래서 축하하기 위해 기차를 타고 식당 칸에서 식사하며 돈을 쓰고 싶었습니다."

그 얘기는 믿을 수 없어 보였지만 사실이었다. 웨이터는 식당 칸에서 먹을 여유가 없는 듯한 가난한 농부를 봤다. 반면에 나는 단지 무례하게 취급받고 위신을 회복할 필요가 있는 한 사람을 봤다. 우리는 자주 외모로만 사람을 판단하여 다른 사람과 깊게 만나지 못한다. 나는 즐거워하는 식사 동료를 만났을 뿐 아니라 그에게서 선물도 받았다. 그리고 그를 집에 초대함으로써 그의 친절에 보답할 수 있었다.

성경은 우리에게 사람을 외모로만 판단하지 말라고 경고하지 않는가? 사무엘 선지자조차 이새의 아들 가운데 어느 아들이 왕으로 기름부음 받아야 할지를 알아내려고 할 때 이런 실수를 저질렀다. 하나님만이 마음의 상태를 아신다. 그러니 판단은 주님께 맡기고 하나님께서 우리를 사랑하시고 우리를 위하여 자신을 주신 것처럼, 우리도 서로 사랑하는 일을 잘 해 나가자.

"주님, 저는 제 인간적인 이해에 의존하지 않고 주님의 영에 예민하기를 원합니다. 저를 도우사 외모로만 판단하지 않게 하시고 각 사람을 하나님의 귀한 자녀로 보게 하소서."

43

값비싼 태만

그 영주의 하얀 집은 크고 오래된 나무들이 있는 사랑스런 정원 한 가운데 있었다. 나는 이 큰 저택으로 들어가면서 벽에 걸린 원작 유화들을 보고 깊은 인상을 받았다. 금박을 입힌 거울과 샹들리에와 쪽모이 세공을 한 아름다운 바닥이 있는 거실은 나무랄 데가 없었고, 복원한 고가구들로 우아하게 꾸며 있었다. 여러 목재로 짠 십자무늬의 이 사랑스러운 바닥을 만들기 위해 장인들이 많이 수고했음이 틀림없다.

그때 나는 돌출 창문을 보았다. 색유리 돌출 창문은 거실 먼 구석 예쁘고 작은 골방의 세 벽면에 있었다. 그러나 각각의 벽면은 잿빛 곰팡이 얼룩으로 덮여 있었다. 내가 좀 더 살펴보려고 다가가자 곰팡이 냄새가 코를 찔렀다. 어떻게 이런 일이 일어날 수 있었지? 나는 의아했다.

부동산 중개인이 천장을 올려다봤다. "그 이유는 아주 간단합니다. 이전 주인들이 지붕 둘레의 홈통을 청소할 생각을 하지 않았기 때문이지요. 소유지에 아주 많은 나무들이 있기 때문에 파이프와 홈통들이 나뭇잎으로 곧 막힙니다. 그 상태에서 비가 오면 빗물은 건물 앞면으로 흐르면서 곧바로 벽면 안쪽을 따라 거실로 스며들게 됩니다. 매년 작은 노력만 기울이면 이런 피해를 막을 수 있었을 텐데, 이제는 개조 비용이 아주 많이 들어갈 겁니다."

작은 사항을 소홀히 했기 때문에, 주인들은 재산에 커다란 피해를 입게 되었다. 홈통을 막은 약간의 나뭇잎은 그리 심각한 것으로 보이지 않았을지 모른다. 그러나 피해는 매우 빠르게 쌓여 갔다. 이제 새 주인으로서 우리는 사람을 고용해 곰팡이를 떼어 내고 골방의 모든 나무 구조물을 대체하는 아주 비용이 많이 드는 일을 해야만 했다.

이 일은 우리의 영적인 삶과 매우 비슷하다고 생각했다. 우리는 때때로 별로 중요하게 보이지 않는 생활의 작은 면을 돌보는 데 소홀히 한다. 그러나 나중에 그 피해가 상당히 큰 것임을 발견한다.

자신을 정화하기 위해 모든 노력을 기울여야 한다고 성경이 말하는 이유가 바로 이 때문이다. 우리의 영적 배수 파이프가 막히게 됐을 때, 영원히 지속되는 피해가 발생하기 전에, 경각심을 갖고 즉시 낙엽과 부스러기들을 치우자. 그러

※　　※　　※　　※　　※

면 우리의 지상 성전은 하나님이 거하시는 곳으로서 그 본연
의 기능을 유지할 수 있다.

이 소망이 있는 사람은 누구나 자신을 정화한다.

"하늘에 계신 아버지, 제 삶에서 그냥 놔두면 주님의 거룩한 성전
을 해칠 수 있는 방해물들에 대해 경각심을 갖게 도와주소서."

44

분주히 쫓겨 다님

아주 기분 좋은 샤워였다. 물이 머리 위로 떨어져 온몸을 따뜻하게 했다. 따뜻한 물이 충분히 있어서 나는 긴 물줄기를 한껏 즐기려고 했다. 수압을 약간 높일 필요가 있었다. 손잡이를 돌렸고 즉시 물줄기가 세게 떨어졌지만 내게 떨어진 것은 아니었다.

샤워 꼭지가 높아진 수압 때문에 이음쇠 부분에서 빙빙 돌고 있었고, 몸에 물을 받기 위해서는 호스를 따라 움직여야만 했다. 어쩔 수 없이 수압을 다시 낮추고 처음 위치로 돌아가 물을 끼얹었다.

실제로 수압을 너무 높이자 샤워 꼭지는 통제할 수 없이 이리저리로 움직였고 나는 물을 급하게 쫓아다녀야 했다. 수압에 따라 이리저리 흔들리는 샤워 꼭지가 내 행동을 완전히 통제하였다.

이 일은 내 인생에서 나를 분주히 쫓겨 다니게 만드는 어떤 압박감이 있는지 생각하게 했다. 내가 몰두하던 어떤 프로젝트들 때문에 때때로 여유 없이 지낸 것이 기억났다. 밤 늦은 시간까지 일하고, 잠도 잘 못이루고, 자신과 아내를 위한 시간도 없이 지냈다. 그럴 때마다 나는 내 활동과 움직임을 조절하지 못했다. 오히려 그것들이 나를 통제했다. 슬프게도 나는 압박감에 쫓겨 다녔다. 일을 이행하라는 압력과 필요성, 그리고 끊임없이 마감 시한들에 쫓겨야 했다. 내가 시작한 일들은 무자비하게 나를 사로잡았다. 이것이 정녕 하나님께 합당한가?

샤워를 하고 있었을 때, 나는 단지 압력을 낮추기만 하면 되었고, 샤워기의 이동이 멈추자 급하게 그것을 쫓아다니는 일도 끝났다.

내 삶에서 어떤 활동이나 프로젝트들의 압력을 줄일 수 있는 방법이 있었나? 물론 하나님은 내가 그렇게 극심한 경쟁에 뛰어들기를 원하지 않으셨다. "잠잠하고 신뢰하여야 힘을 얻을 것이어늘"(사 30:15)이라고 성경이 말하고 있지 않은가? 또 성경은 우리가 고요하고 성스런 삶을 살아야 하며, 복종하기로 선택한 것이 무엇이든 우리가 그것의 종이라고 말한다.

샤워를 하던 바로 그곳에서 수압을 줄이며 나는 기도했

✻　✻　✻　✻　✻

다. 내 삶에서 어떤 압력들을 줄이는 데 필요한 통찰력과 용기를 하나님께서 내게 주시기를, 그리하여 그것들을 쫓아다니느라 시간을 허비하지 않기를 주님께 기도했다.

"주 예수 그리스도여, 주님은 쫓기지 않으시며 아버지께서 하라고 하신 일을 하셨습니다. 그런 균형 잡힌 삶을 살도록 저를 도우사 미친 사람처럼 이리저리 뛰어다닐 필요가 없게 하소서. 제가 압력을 없앨 수 있는 곳에서는 그것을 줄이는 용기를 제게 주소서. 그리고 그 압력을 제가 통제할 수 없는 곳에서는 균형을 옳게 회복하는 방식으로 밸브를 닫아 주소서."

45

생기 없는 고요

　'예수전도단' 소속의 배로서 대양을 항해하는 '아나스타시스 호' 브리지 위에 내가 섰을 때, 잔잔하고 평온한 수면이 내 눈앞에 펼쳐졌다. 우리는 미국에서 뉴질랜드로 태평양을 건너고 있었는데, 아주 고요한 수역을 만난 듯했다.

　선장은 이렇게 말했다. "우리는 이곳을 적도 무풍대라고 부릅니다. 옛날에 범선들은 항해에 필요한 풍력을 얻지 못해 이 수역에서 며칠씩 꼼짝 못 했습니다. 우리가 있는 곳의 물은 마치 묘지처럼 죽은 거나 다름없어 바로 아래 바다에는 해양 생물도 거의 없습니다." 나는 계기판으로 고개를 돌려 속도를 측정했다. 속도는 단지 12노트였다.

　나는 브리지에서 더 높은 갑판으로 오르며 굴뚝을 올려다 봤다. 어느 방향으로든 부는 바람이 없기 때문에, 검은 디젤 연기는 공중으로 곧게 올라갔다. 사실 이 생기 없는 더위는 참기 힘들었다. 볼 것도 할 것도 없었으며, 옷은 땀으로 젖었다.

우리가 남쪽을 향한 지 며칠을 지나 몇 주가 되었다. 바람이 일기 시작했고 파도가 거세어져 배를 뒤흔들기 때문에 창문을 닫아야 했다. 생기가 배뿐만 아니라 우리 밑의 바다에도 돌아왔다. 돌고래들이 배를 따라 옆에서 몇 시간이나 계속 수영했다. 수면을 오르내리면서 처음에 고래가 나타나 물을 뿜어 올리거나 그 큰 거구를 공중으로 솟구쳐 올리고 나면 다음에 참치 떼가 휙 하고 날아 다음 파도에 부딪쳤다. 이러는 도중에 태풍이 좀 가까운 섬들어 몰아쳤으며 우리도 곧 그 후속 영향을 받을 거라는 소식을 들었다. 배멀미약이 떨어져서 우리는 배를 움켜쥐어야 했지만 끊임없이 변하는 바다 풍경과 끊임없이 도전하는 기상 조건 때문에 갑판 위는 분명 생기가 넘치고 있었다.

우리의 일상생활도 이러하다. 갈등도 없고 대립하는 해류도 없으며 속도의 변화도 없으면 생기가 없고 지루하게 된다. 우리 앞에 생기와 도전거리를 가져오는 바람과 파도를 대하는 것이 더 낫지 않은가?

무엇보다도 예수님은 평화를 주러 온 것이 아니라 검을 주러 왔다고 말씀하셨다.

※   ※   ※   ※   ※

“예수님, 우리가 인생 여정에서 마주치는 많은 도전에 대해 주님께 감사합니다. 이것들을 이용해서 우리를 긴장시키고 소생시키시며, 주님 안에서 자라지 못하게 하는 정체되고 수확 없는 지역에서 우리를 인도해 내소서.”

46

변화

그 황갈색 액체는 달콤하고 잘 익은 맛이 났다. 이 좋은 주스는 올해 생산한 잘 익은 사과로 만든 것이다. 나는 방금 딴 과일 자루를 분쇄기에 쏟아 부었다. 분쇄되어 나온 걸죽한 즙은 압축되어 아주 좋은 과일 넥타가 된다.

신선한 사과 주스를 마시는 것은 엘리안과 내가 스위스 예수전도단의 땅에서 즐기는 특권 가운데 하나다. 주스를 만드는 계절이 지난 뒤에도 우리는 여전히 식사와 함께 먹는데 그 양이 몇 갤런은 될 거다. 그러나 시간의 흐름에 따라 맛이 점차 변하는 것을 알 수 있었다. 작은 거품이 일기 시작해 커다란 유리 저장용기 표면으로 솟아오르는 것을 볼 수 있었다. 그때 사과 주스의 색은 변하고 맛도 약간 달콤함을 잃는다. 발효가 시작된 것이다!

그때 박테리아는 왕성하게 활동하지 않고 천천히 달콤한 사과 주스를 신선한 사과 사이다로 바꾼다. 우리는 그것을 더는 병째로 마시지 않고 이따금 잔에 따라 마신다. 너무 많이 마시면 머리가 어찔어찔해지고 현기증이 난다. 그것은 아주 좋은 맛이지만 그 액체의 속성은 매우 다르다.

그것은 여전히 같은 액체지만 성질과 용도가 다르다.

"이제 진짜 발효제를 병에 담으려고 해요." 하고 엘리안이 말했다. 나는 그녀 손에 있는 낯설고 탄력 있는 물질을 보았다. 엘리안은 그것을 한 줌 병에 넣어 지하실 뒤쪽에 두었다. 그 사이다에 손대지 않고 몇 주가 지난 뒤 마침내 뚜껑을 열어 보니, 그 사이다는 맑은 사과 식초로 바뀌었다.

우리는 여전히 이 액체를 조금씩 먹는다. 그러나 병으로 마시지 않고 잔에 따라 먹는다. 하루에 몇 방울, 즉 샐러드나 기타 전채요리에 몇 방울만 떨어뜨려 먹는다. 그 섬세한 향은 식사에 특별한 맛을 더해 주고 소화를 도와준다. 이 액체도 역시 똑같은 것이지만 다시 한 번 그 성질과 용도가 바뀌었다.

내 삶을 회고하면서 지난 세월을 루디 랙으로 살아왔지만 내가 변했다는 것을 알 수 있었다. 아니 오히려 하나님께서 나를 변화시키셨다. 사과 주스가 색깔과 맛과 기능에서 변한 것처럼 나 역시 그 세월 동안 많은 변화를 겪었다.

내 초기 인생의 신선함과 열정은 이제 새로운 성질의 에

너지로 대체되었나? 즉 그 열정에 마음을 기울여 잘 성숙되었나? 우리가 우리 삶에서 하나님이 일하실 여지를 남겨 놓는다면, 그분은 우리의 향과 잠재력을 충분히 끌어내실 것이다. 우리가 항상 주인의 용도에 적합하도록….

"아버지 하나님, 아버지께서 제 삶에 끊임없이 일으키신 변화에 대해 감사드립니다."

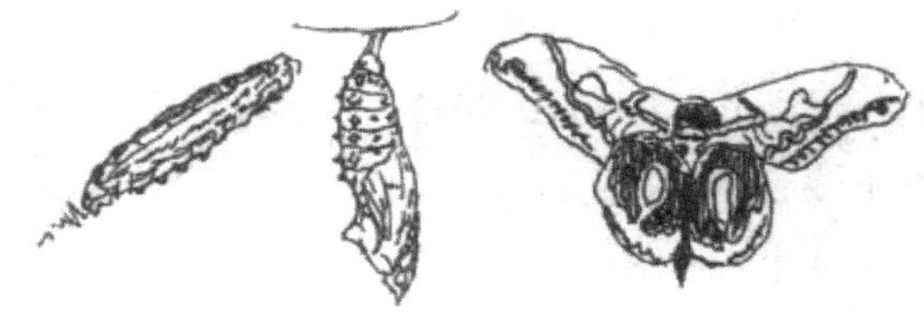

47

어떤 관점을 가질 것인가?

나와 다른 승객 세 명은 내 차를 타고 일정한 속도로 질주하면서 평탄하고 곧은 독일 고속도로를 즐기고 있었다. 그때 갑자기 엔진에서 끔찍한 소리가 났고, 우리는 최악의 상황을 두려워하면서 재빨리 길가로 차를 댔다. 엔진이 완전히 고장나 버렸다.

나는 놀라고 실망해서 거의 말을 하지 못했다. 불과 몇 주 전에 바로 이 자리에서 똑같은 일이 일어났고 정비소로 견인해 가 엄청난 값에 새 엔진을 달았는데, 고작 2천 마일을 운행한 뒤에 이 새 엔진이 고장나 다시 교체를 해야 하다니….

"새 엔진이 고장나다니! 집에서 수백 마일 떨어진 독일에서 다시 또! 그리고 또 여기에서 오도 가도 못하게 되어 네덜란드로 가는 우리 여행을 계속하기 위해서는 렌터카를 빌려야 하다니! 대체 있을 수 있는 일입니까?" 나는 화가 머리 끝까지 치밀었다.

"그러나 긍정적인 면들을 생각해 보십시오!" 내 여행 동료가 말했다. 그리고 그들은 그런 요소들을 하나 둘씩 말하기 시작했다. "당신의 차는 말이 통하는 나라에서 고장났습니다. 바로 저기에 전화 박스가 있어서 쉽게 고장 수리 센터에 전화할 수 있고, 네덜란드로 가는 우리의 나머지 여행을 위해 교체 차량을 제공해 줄 렌터카 대여소에도 전화할 수 있습니다. 심지어 당신의 차는 독일에서 제조한 것이라 부품들을 어느 골목의 카센터에서도 구할 수 있습니다. 그리고 이곳은 지난번과 똑같은 곳이어서 이전에 엔진을 갈아 준 정비소로 갈 수 있습니다. 또 우리가 동행하고 있어서 당신이 우리와 같이하기를 원한다면, 우리는 지금 도시락을 열어 감사하며 먹을 것입니다!"

그들의 말은 정말 옳았다. 사람은 항상 2대 1의 비율로 긍정과 부정이 균형을 이루어야 한다. 나는 이 고장이 가져온 모든 불편함 때문에 기분이 상했다. 그러나 이 일이 정비소도 없고 어느 방향으로든 수백 마일 안에는 대체할 엔진이 없는 러시아의 대초원에서 일어났다면 어찌했겠는가?

나는 우리가 삶에서 구하는 것을 찾게 된다는 것을 생생하게 되새기게 되었다. 만일 우리가 부정적인 태도를 지니고 있다면, 우리는 예수님의 제자들 가운데서 유다를 볼 것이다. 그러나 긍정적인 견해를 유지한다면, 우리의 주의력은 항상 구주 예수 그리스도께 집중될 것이다.

"주님, 오늘 무슨 일이 일어나든 밝은 면을 보도록 저를 도우소서! 제 부정적인 태도를 제거하시고, 지금 제가 가지고 있는 것에 더욱 감사하게 하소서."

48

대형을 이룬 비행

내 흥미를 자극한 것은 지평선 아래로 지는 주홍빛 큰 원이 이루는 아름다운 석양이 아니라, 장려한 붉은 하늘을 배경으로 윤곽을 드러낸 새들의 비행이었다.

이 새들은 완전한 V자 대형을 이루며 우아하게 날고 있었다. 각각의 새가 서로 같은 거리를 유지하는 것으로 보아 어떤 신성한 협력이 있는 것 같았다. 그들은 함께 방향을 바꾸고 같은 고도를 유지하며, 본능적으로 자신들이 무엇을 해야 하는지 아는 듯했다. 이 새들은 오로지 서로 돕고 있었기 때문에 엄격한 V자 대형을 이루며 날 수 있었는데, 각각의 날갯짓은 뒤따르는 새를 위해 상승기류를 만들어 그 새가 힘을 거의 절반이나 절약할 수 있게 해 준다.

V자 대형의 새들은 홀로 날 때보다 40퍼센트 정도를 더

❋   ❋   ❋   ❋   ❋

날 수 있다. 선두의 새는 상승기류를 받지 못하여 쉬 피로해 지기 때문에 선두 자리는 수시로 바꾼다. 선두 자리를 교대함으로써, 무리는 자신들의 힘을 아끼기 위해 팀을 이루어 역할을 한다.

이 새들이 석양을 향해 날아가는 것을 보면서 나는 나 자신에게 물었다. 나는 무리의 한 사람으로서 내 뒤에 오는 사람을 위해 상승기류를 만드는 바른 자리에서 날고 있는가? 동시에 내 힘을 절약하기 위해 상승기류를 만들며 내 앞에서 날고 있는 사람들은 누구인가? 우리가 모두 더 멀리 날기 위해, 나는 그리스도의 몸 안에서 내 역할을 하고 있는가? 상승기류가 없고 더 많은 힘을 써야 하는 선두 자리를 맡게 될 때 기꺼이 감수하겠는가? 모든 사람이 이익을 얻기 위하여 내 앞과 뒤의 사람들에게 내 입장을 잘 전달하는가?

더 멀리 더 높이 날기를 원한다면, 그리고 마침내 목적지에 도착하기를 원한다면, 서로 주의를 집중해야 한다는 점에서 우리는 새 무리와 같다. 마치 성경이 우리에게 촉구하는 것처럼. "누구든지 자신의 일만을 돌보지 말고 남의 일도 돌보시오."

"사랑하는 예수님, 예수님은 처음부터 길을 인도하셨습니다. 예수님께서 무리 전체를 위해 계속 제공하신 상승기류에 대해 감사드립니다. 교회의 역사에서 저를 위해 상승기류를 만들어 낸 모든

하나님의 사람들에게 감사합니다. 제가 날고 있는 지금, 다른 이
들에게서 이익을 얻고 동시에 저를 따르는 사람들에게 도움을 주
기 위해 대열을 유지하도록 도우소서."

49

비자

"여권 좀 보여 주세요." 티켓 검사대의 여자가 티켓을 가볍게 받았다. 나는 영국 히드로 공항에서 미국행 국제선 비행기를 타려 하고 있었다. "그런데 비자는 어디 있어요?" "비자라니요? 나는 스위스인이기 때문에 미국에 가는 데 비자는 필요없는데요." 하고 대답했다.

그러나 당황스럽게도 "아닙니다, 당신에게는 비자가 필요합니다!"하는 말을 들었다. 이런 일이 성수기의 여행객인 내게 일어나리라고는 생각지 못했다. 비행기는 곧 떠나려 했고, 나는 그 비행기를 타지 못하게 되었다. 나는 크게 낙심하여 런던으로 돌아왔다. 이제 대사관으로 가서 비자를 받기 위해 줄을 서야 할 것이다. 그러나 그게 전부가 아니라는 것을 곧 알게 되었다. 나는 미국의 신원증명과 초청장이 필요했다.

　내가 쓸 수 있는 돈을 증명하고 기타 중요한 서류들을 얻기 위해 애쓰는 동안 텔렉스 교신은 이쪽과 저쪽으로 오고 갔다. 이뿐만이 아니라 모든 절차를 처리하는 데는 꼬박 이틀이 걸리므로 나는 숙소를 구해야 했다. 나는 낙심하었다. 여권에 도장 하나 찍기 위해 얼마나 많은 시간과 자원을 낭비했는가!

　결국 나는 중요한 입국 도장이 찍힌 여행 서류를 손에 넣었다. 비자에는 '복식 비자, 영구적으로 유효함'이라고 적혀 있었다. 이 말이 나를 아주 기쁘게 했으나 그 단계에서는 이 비자가 다음 15년 동안 축복이 될 거라고 상상할 수 없었다.

　그런 허가는 얻기가 매우 어렵다는 것을 나중에서야 알았다. 그러나 내가 미국을 여러 번 다니던 10년이 지나서야, 나는 잉크로 찍은 이 작은 스탬프의 참 가치에 감사하기 시작했다. 나는 미국 여행을 계획할 대마다 아주 오래 전의 일이 생각난다. 그때 나는 이미 미국에 도착했을 기회를 망쳤다고 생각했다. 그러나 좋으신 하나님은 내 입장에서 실수로 보이는 것을 미래를 위한 축복으로 사용하셨다.

　만일 당신이 무지와 태만의 결과로 보이는 상황에 놓여 있을지라도 기운을 내라! 하나님은 자신을 사랑하는 사람들의 이익을 위해 모든 것을 만드실 수 있다.

✳ ✳ ✳ ✳ ✳

"주님, 지금은 무슨 일이 어떻게 되어 가는지 이해하지 못하고, 상황이 엉망으로 보일지라도, 주님이 이 상황에서 영구적인 축복을 가져오실 것이라고 믿습니다. 주님께 감사드립니다!"

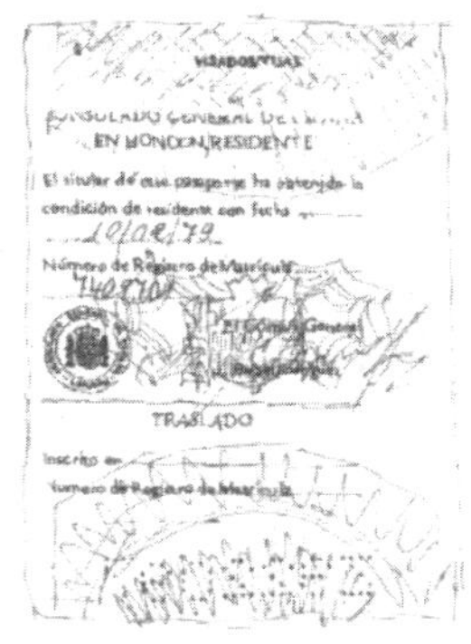

50

섬김

어느 주일 이른 아침, 우리 일행은 독일에 있는 미군 기지의 한 휴게실로 들어갔다. 그 광경은 혐오스러웠다. 빈 콜라병과 맥주 캔들이 바닥에 뒹굴고 있었고, 반쯤 먹다 남은 팝콘 봉지들이 사방에 흩어져 있었으며, 좌석들 사이에는 팝콘들이 여기저기 뿌려져 있었다. 기운이 넘쳐 소란스럽게 팝콘 전쟁을 하는 군인들이 머릿속에 그려졌다.

전날 밤 이 휴게실에는 저녁이 비번인 군인들의 소란스러운 소리가 울려 퍼졌음이 틀림없다. 그러나 오늘은 주님의 날이며 한 시간 이내에 하나님께 올리는 사람들의 찬송이 이 휴게실에서 울려 퍼질 것이다. 이 기지에서 가장 높은 장교인 대령이 우리를 초청해 설교와 주일 예배 전체를 부탁한 것이다.

❈   ❈   ❈   ❈   ❈

그가 우리를 휴게실로 인도했을 때, 빨리 청소해야 한다는 것은 분명했다. 우리는 곧 청소 도구와 쓰레기 봉투를 찾아 바쁘게 바닥을 쓸고 있었다. 그때 놀랍게도 그 대령이 우리 곁에서 일하고 있었다.

그 역시 손에 빗자루를 들고 팝콘 쓰레기와 맥주 캔을 쓸고 있었다. 그날을 위해 가장 좋은 제복을 차려 입었는데도, 주위에서 일고 있는 먼지와 잘 닦은 부츠에 끈적끈적한 맥주 자국이 생기는 것을 의식하지 않았다.

그 대령은 이제 정말 우리와 하나가 되었다. 처음에는 단지 엄격하고 위엄 있는 고급 장교들 가운데 한 사람으로만 보였다. 그러나 지금은 그리스도 안의 형제요 뛰어난 봉사자임을 알게 되었다.

그는 겸손하게 기꺼이 자신을 낮춰 우리 일행과 함께 청소했고, 그 결과 휴게실은 아침 예배를 위해 제때 준비되었다.

나는 '그리스도의 훌륭한 모범' 을 떠올렸다. 예수 그리스도는 섬김을 받기 위해서가 아니라 섬기기 위해 오셨으며, 자신을 낮추어 사람의 형태를 취하셨다.

왕이나 제사장 또는 부유한 지주가 아니라 평범한 목수로 오셔서 우리 가운데 하나가 되셨다. 그는 모든 면에서 인간의 조건과 일치하였다. 옛 찬양의 말은 이렇게 표현했다.

"할렐루야, 구주시로다."

※   ※   ※   ※   ※

"예수님, 예수님의 섬김에 감사드립니다.

예수님이 보이신 큰 겸손의 본을 제가 따르기를 기도합니다."

51

탑

그 성은 놀랍게도 암석 하나로 만든 것이었다. 우리는 과거의 호화로운 축제 현장인 연회장을 거닐고, 부엌과 숙소들로 연결된 미로 같은 길을 간신히 지나, 이 굉장한 요새를 구성하고 있는 칠흑 같은 동굴들을 더듬으며 지났는데, 몇 시간이나 걸린 것 같았다.

그러나 가장 마음을 끈 것은 우물이었다. 아래로 강이 있는 곳까지 판 이 우물은 성이 포위되었을 때, 거기 사는 공작과 남작들이 사용할 물이 바닥나지 않도록 확보해 주었다. 거대한 석실 안에 있는 이 우물의 크고 둥근 입구는 바닥에 있었는데 연철 쇠창살로 덮여 있었다. 우리는 가이드의 지도 아래 큰 종이조각에 불을 붙여 우물 아래로 던지고, 그것이 80m 아래 밑바닥에 이르기까지 점점 작아져 마침내 단지 작은 불꽃 조각이 되는 것을 지켜보았다. 참으로 멋진 낙하였다!

미로 같은 터널들을 걸어서 답사하던 우리는 마침내 그 요새의 광장에 이르렀다. 이 광장은 여러 세기에 걸쳐 재판하던 처형 장소였다. 이 성의 사람들, 적어도 왕의 우편에 있던 사람들은 요새와 비축 식량이 있어 아주 안전하다고 느꼈음이 틀림없다!

이 성에서 가장 높은 곳은 성 방어를 위해 망대로 사용하던 한 높은 탑으로서 이것은 여러 탑으로 둘러싸여 있었다. 이 탑에서는 어떠한 적의 접근도 간파할 수 있었기에 아래에서 공격하는 자들이 우스울 뿐이었다. 따라서 성 안에 있는 사람들은 적의 공격에 최대한 안전했다.

내가 거기 석조 성벽에 둘러싸여 서 있을 때, 하나님께서 우리에게 주신 요새에 대해 생각하지 않을 수 없었다. "주의 이름은 강한 성과 같아서 의인이 들어가 구원을 얻는다."

피난처를 주의 이름에서 구해야 하지 않겠는가? 그러나 그분은 단순한 피난처 이상이시다. 적이 보급을 끊고자 할 때, 하나님은 생명수가 마르지 않게 해 주신다. 그리고 성소의 방벽 안에서 정의를 이루실 것을 보장하신다. 주 안에서 우리는 적에 대해 유리한 위치를 확보한다. 그리고 우리가 주 안에 들어갈 때, 우리의 즐거움을 위해 영광의 광채 안에서 잔칫상을 차린다.

"주님, 주님의 이름은 강한 성이어서 우리를 지탱하고 보호하며 우리에게 바른 전망을 주고 우리가 충만한 삶을 살 수 있도록 도 와줍니다."

52

제복

거대한 흰색의 대양 정기선 '아나스타시스 호'는 예수전
도단이 복음을 전하는 배들 가운데 하나다. 수백 명의 헌신
적인 그리스도인이 탄 이 배는 실제적 · 영적인 의미에서 그
리스도의 말씀을 가지고 세계 곳곳의 여러 항구로 항해한다.
항구에 머무는 동안 내륙으로 들어가는 팀들뿐만 아니라 선
상에서도 역시 전도 활동을 수행한다. 수만 명의 사람들이
그 배를 둘러보는 여행을 위해 줄을 서기 때문이다.

정해진 시간마다 수백 명의 방문객이 부두에 줄지어 서서
이 큰 배에 탈 순서를 기다릴 때, 군중을 통제한다는 것은
언제나 어려운 일이다. 몇 년 전 엘리안과 나는 이 배의 승무
원으로 봉사했는데 우리의 주된 임무는 배 관광을 돕는 일이
었다. 사람들이 들어왔을 때 우리는 그들을 여러 갑판 위에

정렬시키고 그 배의 주요한 특징에 대해 지적하려고 했다.

상황을 통제하는 것이 엘리안에게 유난히 어려워 보이던 날이 항상 기억난다. 그녀는 군중들에게 지시할 때 군중들의 잡담소리보다 크게 소리내려고 최선을 다했다. "대열에서 이탈하지 마세요. 선생님, 홀로 기계실에 들어가면 안 됩니다. 여기에서 무리지어 주시면 배의 브리지 부분으로 안내하 겠습니다…." 그러나 사람들은 귀 기울이지 않았고 그들의 주의를 집중시킨다는 것은 거의 불가능했다.

그때 갑자기 엘리안에게 좋은 생각이 떠올랐다. 그녀는 잘 차려 입었지만 일반인 복장이었는데, 잠깐 자리를 뜬다고 말하고는 제복으로 갈아입기 위해 객실로 급히 갔다. 몇 분 후 그녀는 짙은 감색 치마와 빳빳한 흰색 블라우스로 말쑥하 게 차려입었다. 양 소매에는 견장 한 쌍이 있었는데, 그 금색 줄무늬는 그녀를 고급 선원으로 보이게 했다. 그녀가 나타났 을 때, 나는 그 모습을 보고 '아내가 참 예쁘구나!' 하고 생각 했다. 이제 그녀는 예쁘게 보일 뿐 아니라 매우 공적으로 보 였다.

엘리안은 곧 붐비는 갑판으로 돌아가 방금 전과 똑같은 지시를 내렸다. 그러나 반응이 얼마나 다른지! 사람들은 빠 르게 한 줄로 섰고 엘리안이 말할 때는 조용했다. 사람들은 그녀의 신분을 알아보고 그녀를 존중하면서 매우 주의를 기 울였다. 이제 엘리안은 새로운 자신감과 권위 있는 자세로

※　　※　　※　　※　　※

말했고 그 효과는 관광객들에게 아주 놀랍게 나타났다.

당신은 보이지 않는 영적 세계에서 권위가 부족하다고 느끼는가? 당신은 원수와의 싸움에서 힘이 부족한가? 아마도 당신은 제복을 입고 있지 않을 것이다. 하나님 군대의 일원인 우리에게는 완전한 갑옷을 제공한다. 에베소서 6장은 우리에게 완전한 하나님의 갑옷을 입으라고 충고한다. 그렇게 하라. 그러면 원수와 어둠의 세력들은 당신이 살아 계신 하나님의 자녀임을 알게 될 것이다. 당신은 그 극적인 결과에 놀라워할 것이다!

"주 예수님, 의의 제복을 주셔서 감사합니다. 주님이 주신 권위 안에서 행하도록 저를 도우소서."